情緒自控

現代人的心理健康報告

郭琳 編著

目錄

目錄

第二章　心情與健康

第三章　活出健康的心態

目錄

第七章　自卑與恐懼是成功的大敵

第八章　走出空虛與憂鬱的人生

目錄

前言

心理活動是人腦對客觀現實的真實反映。現代社會高速發展、快節奏的生活使人們產生很大的心理壓力，因此出現各種心理問題和心理障礙，導致許多人心力交瘁、痛苦萬分，卻不知道該如何解決。這些心理問題和心理障礙輕則影響生活品質，重則影響生命安全。

隨著社會的進步和發展，心理學的相關內容已經引起人們的廣泛關注。人們前行的腳步越來越快，相互之間競爭的壓力也日益加劇，這使人們面臨各種心理壓力以及心理戰爭。由於人們對心理的相關知識不足，很可能會產生偏見和誤解，使原先不嚴重的狀況變得嚴重，不複雜的情況變得複雜。本書就是在這樣的背景之下策劃並完成的，希望本書能夠讓您的生活帶來轉變，哪怕僅有一點點。

前言

本書從日常心理需要的角度出發，將知識性、趣味性、可讀性和可用性融入其中。本書既適合對心理學感興趣的學生、上班族、家庭主婦、無業游民等讀者，也適合所有希望自己的生活能夠變得更好、更隨心的讀者。

第一篇　健康心理學

健康和心理是息息相關的，很多科學家和心理學家都證明了，心理問題會直接導致健康危機。特別是在當今這樣高速運轉的社會中，各種壓力困擾著每個人，讓大家疲於應付。許多人或多或少地都患上了心理疾病，如憂鬱症、恐慌症、焦慮症等。這些心理問題會讓健康狀況越來越糟，有些嚴重的心理疾病還會直接導致生理問題。

第一章　病由心生

對於當今的年輕人來說，疾病大多來自於忙碌的生活，生活壓力帶來的問題已逐漸超過了身體上的疾病。合理調整自己的心態，可以讓生活更健康。大部分心理疾病都是由不良的心理情緒引起的，因此學會控制這些不良情緒是去除心病的關鍵。

心病比肉體疾病更難治癒

俗話說：「人食五穀雜糧，焉能一病不生？」有病求醫，乃自然之理。諱疾忌醫的故事，讓人們看到了齊桓公對疾病的恐懼和忽視，最終因沒有及時救治而釀成惡果。現代人的醫療觀念早已在齊桓公之上，通常都會定期去醫院體檢，生怕身體出了問題沒注意到，延誤了治療時機。

在社會壓力劇增的時代，心理疾病也應該得到人們的重視，即「關注心理健康，人人有責」。這是為什麼呢？因為心理疾病成因複雜且治療的時間長，需要求治者從內心剖析自我，難度大於治癒肉體疾病。

掀起心病的面紗來

心理疾病的成因多且複雜，歸結起來有生物遺傳因素、人格因素、社會因素等。有些人先天存在某些機能的缺陷，如腦功能不完整等。這類人是心理疾病的好發族群，需要長期服藥抑制病情。

除此之外，遺傳因素也是不能忽略的問題，如果某人的直系長輩中有人曾經患過精神類的疾病，那麼他患精神病的機率就比常人高得多。

人格因素包括敏感、自卑、偏執、自戀等，這種人格特徵的人，基本上聽不進他人的勸告，往往活在自己的思考模式裡，遇到問題時，不願和他人交流。這類人也是心理疾病的高危險族群。

社會因素包括超負荷的工作和學習、感情和家庭的變故、急功近利的價值觀、貧富差距分化、高齡化社會、網路成癮等。

你也許真的有心病

人們往往對自己的身體疾病很重視，頭感覺有點痛就趕緊去醫院，可是面對煩躁、鬱悶、緊張、壓抑等心理變化時卻不願及時就醫。由於歷史的原因和許多客觀因素的限制，人們對自己的心理世界還不太了解，許多人還分不清「神經」與「精神」、「精神」與「心理」以及「思想」的區別。

對心理諮商或心理治療的懼怕與懷疑可能源於對「精神病」的不了解，怕去心理諮商或心理治療時被當成「精神異常」看待。

其實，心理諮商或心理治療不僅僅是解決你的心理危機和心理問題，而且還可以讓你更加認識自己、了解自己。無論你多麼堅強、聰明、正直、熱情和博學多聞，你都不可能完全了解自己，你需要透過其他人來了解自己。你不可能每分每秒反省自己，也不可能始終站在局外人的立場審視自己。但是，從他人了解自己也有可能得到錯誤的暗示。

心理諮商或心理治療是一面較標準的鏡子，透過這面鏡子人們可以從各個角度正確地了解自己，從而揚長避短，促進人生的發展與成功。

心病治療的艱鉅性

許多初次進行心理諮商或心理治療的人都幻想心理醫生能夠一次將長期的壓抑與痛苦一掃而空，撥開心靈迷霧，遠離煩惱與困惑，恢復輕鬆的心情與激昂的鬥志。

然而，心理醫生不是什麼神仙，更沒有什麼超出常人的能力，要知道「解鈴還須繫鈴人」，心理諮商或心理治療是幫助自己解決問題的，心理醫生不可能替你解決所有問題，而是提供你一些正確認識自己、分析問題、解決問題的方法，問題必須由求助者本人多次具體實踐才能解決。

心病往往需要求助者和醫生緊密配合，去完成一些在求助者看來很困難的任務，並且要持之以恆。經典精神分析治療的過程是漫長的，需要幾年時間，早已不適合現代人的生活節奏；行為治療的平均療程為五十次；即使是短程心理治療，如認知行為治療，一般也提倡會面次數在十至二十次之間，少數甚至達到四十次。

在個人的意識中，還沒有定期去看心理醫生的習慣，估計對長達數月的治療也很難堅持下去，這是造成心病難治的一個重要原因。

心理治療艱難的第二個原因在於剖析自己的難處，認識自己、剖析自己，需要耗費很大的心理能量。

心理治療主要是透過應用心理學的理論方法，透過言語、表情、態度、姿勢、行為、周圍環境因素甚至醫生或諮商師的人格魅力去影響、改變病人的感受、認識、情緒、態度和行為等。從而改善其大腦及神經系統的機能，減輕或消除導致病人痛苦的各種心理狀態、消極情緒和異常行為，以及由此而引起的各種軀體症狀。

有心病非得吃藥嗎

有些心病患者去找心理醫生，認為吃些藥就能改善自己的狀況，這也從反面誤導了醫生。因此，看心病，醫生便順理成章的開藥。吃藥可能會讓症狀很快得到控制，但因為導致心理疾病的根源未去除，一旦停藥，就容易復發，這樣治標不治本的方法是不可取的。心病是由心靈暫時無法面對壓力而引起的，屬於心靈調節功能障礙，還是要靠心理輔導、心理治療來調節。

情緒陷阱是造成心病的直接原因

一個人成熟的表現就是能控制自己的情緒。生活中有很多煩惱和憂愁，往往使人陷入消極的情緒之中無法自拔，從而失去原有的平靜，變得浮躁，這時就需要及時調整。

伊松出身於一個普通家庭，是一個清秀的女孩。大學畢業後進入一家外企從事祕書工作，有舒適的工作環境和高薪待遇，心中有著無限美好的憧憬，一直快樂地生活了兩年。

然而，一個大她八歲的男同事和她相戀一年多後提出了分手，這場感情波折從此改變了她的生活。伊松的臉上不再有笑容，整天愁眉苦臉，鬱鬱寡歡，在失眠、怨恨、懶散、多疑、敏感和絕望中生活了半年多，曾多次想要對男方採取極端報復手段，也曾幾度想要自殺。

最後在心理醫生的幫助下，經過三個月的治療才恢復正常狀態，重新開始新的人生，現在她已經有了溫暖的小家庭和可愛的孩子。

美國著名學府普林斯頓大學針對一萬人進行分析，結果發現：智慧、專業技術和經驗只占成功因素的百分之二十五，百分之七十五決定於良好的情商。

另一份研究報告顯示：一個人成功的因素，百分之五是家庭背景、百分之二十六是智商、百分之六十九是情商。人的情商是非常重要的因素，在生活中，人們常會見到這樣的情形：低智商、低情商的人常常難以成功，高智商、低情商的人常常懷才不遇，低智商、高情商的人常常如有神助，高智商、高情商的人常常出類拔萃。

情緒可控嗎

經常遇到前來諮商的來訪者問：「怎麼做才能高興起來？為什麼我的愉悅情緒消失得這麼快？為什麼我的情緒變化這麼不穩定？」諮商師會反問他們：「那你想要自己呈現什麼樣的情緒？」他們都說：「我想要我的情緒一直是穩定的，最好能一直快樂。」這是不是人的奢望呢？情緒是可以控制的嗎？

情緒是處在流動的狀態中的，任何一種情緒，只要不對它增添新的刺激和干預，經過人的適應、宣洩的過程，自然而然就會衰減；如果對情緒加以干涉，不斷添加新的刺激，它可能越來越強。因此，我們是可以做到控制自己的情緒，提高情商，並快樂地生活。

情緒陷阱你有幾個

（一）浮躁情緒

看看現實世界發生了怎樣的變化：大學生炒股、畢業生剛進職場就著急買房、員工頻繁跳槽……社會上醞釀著一股浮躁的暗流。浮躁使我們心不在焉，坐臥不安，使我們沒有耐心做完一件事情。浮躁的人總是習慣抱怨，抱怨上司、抱怨同事、抱怨工作、抱怨環境，有些人甚至發展到了滿腹牢騷、喋喋不休的程度，好像全世界都欠他似的。

於是他們總是覺得自己懷才不遇，而別人總是庸俗低劣，生活醜陋不堪。但是不要忘了，抱怨雖然可以換來別人一時的同情，但問題並不會因為你的抱怨而解決，怨氣沖天不僅無濟於事，還會招來別人的反感和厭惡，而且抱怨還會使自己淪為情緒的奴隸，遮住人生燦爛的陽光，阻斷事業前進的道路。

想克服浮躁的情緒，就要學會體驗寧靜致遠的心態。克服浮躁情緒，就是要把理想揣在懷中不能忘記，但在實際生活中又必須腳踏實地，衡量自己的實力，不斷調整自己的方向，一步一步才能達到自己的目標。

(二) 緊張焦慮

有些人在外人看來，事業有成，家庭美滿，但本人卻說自己總是處在緊張焦慮的狀態。這類人總是擔憂未來，總感覺頭痛、心慌、疲憊不堪、食慾下降，容易腹瀉和便祕；總是讓自己處在忙碌的狀態中，總為自己尋找各種事情來做，否則就會手足無措，無所適從。

容易緊張焦慮的人，潛意識裡總是處在「戰鬥」的狀態，總想在外人面前表現出強勢、美好，殊不知，越過分在意自己的表現，越容易發揮失常，從而造成惡性循環。

人們在特定的場合，都會有一種內在的表現欲望——希望給對方留下好印象，並想把缺點全部隱藏起來，這是很自然的事。然而，這種欲望過強，就會太在意自己的表現是否完美、出色，因而造成緊張情緒。當我們不苛求自己能讓所有人滿意，並能容忍自己失誤或失態，不去過分在意自己的表現，而是追求順其自然的表現時，緊張情緒自然就不會發生了。另外，還要培養幽默感，學會超脫世俗地看待事物和問題，這樣自然而然也就能夠放鬆了。

(三) 悲觀憂鬱情緒

悲觀憂鬱情緒通常在人遭受了重大打擊後容易出現，這種情緒會造成工作效率下降、思考遲緩、記憶力下降、興趣減少等症狀。《紅樓夢》中整天皺眉嘆氣、動不動就流眼淚的林黛玉就是典型的例子。

克服這種悲觀情緒的辦法之一是學會駁斥自己。比如，問問自己，為什麼會對自己評價過低，有什麼足夠的證據能支持自己的觀點，出現不好事情的原因是否只是自己一個人的責任，現在出現的這種想法是否對未來有利等。假如你考試沒考好，下面幾項都可能是你沒考好的原因：試題難度、準備時間、評分標準、班上平均，考試狀態如何等。

先去思考一下所有可能的原因，把重點放在可以改變的原因（花在準備考試的時間不夠）、特別的原因（這次試題的難度實在太高），以及非個人化的原因（這位教授給分不公平）。悲觀者可能認為純粹是自己的天賦不夠，這是最具威脅性的答案，改變這種思考方式的方法就是要學會從別的角度去考慮，去看哪些原因能夠改變，能夠對自己的未來有利。

(四) 自戀高傲心理

正常情況下，每個人或多或少都有自戀情結，其程度為「利己但不害人」。但自戀者絲毫不會考慮他人的感受，而將自己的意願以「一廂情願」的方式折射到他人身上，需要別人時刻讚美他們，常常對外人表現出高傲或特權意識。

健康的自戀可以使人充滿信心並勇氣十足地去完成目標，不過，由於自戀會導致對他人感受的忽視，因此在發展合作關係、親密關係時，很容易出現問題。

克服自戀需要有良好的心態，能夠正確評價自己、接受自己。很多人自負自大，認為公司少不了自己，工作非自己不可，重擔必須自己擔著。其實，地球無論少了誰，都照樣轉動，這是一個亙古不變的絕對真理。

負面情緒還有諸如空虛、貪婪、憤怒等種類，如何管理情緒是一門學問，也是一種藝術，要掌控得恰到好處。因此，要想成為情緒的主人，必須先觀察自我的情緒，並能覺察他人的情緒，進而能管理自我情緒，尤其要保持快樂的心情面對人生。

壓力是心病的罪魁禍首

現實世界中的壓力事件林林總總，嚴重的壓力事件如親人過世、離婚、被捕入獄等，中等的壓力事件如決定生涯規劃、生小孩等，較輕的壓力事件包括規劃旅遊、買車等，可見，壓力的嚴重度有大有小，但不管怎樣，壓力事件都伴隨著人的一生。

研究者發現：即使再輕微的壓力，仍然會有人支撐不住；相反的，即使處在足以致病的壓力下，還是有人可以安然度過。例如，同樣是面臨公司裁員，有些人會自暴自棄，終日醉茫茫；有些人則會借此休息，並規劃未來。再如，同樣是孕育了新生命的產婦，有些人會欣喜和感動；有些人卻出現了產後憂鬱、失落等不良情緒。

由此可見，不是壓力的大小對人的身心造成了威脅，而是人處理壓力的方式和程度造成了不同的結果。

壓力真的會成病嗎

壓力會造成自主神經中的交感神經興奮，並因此釋放出大量腎上腺素等荷爾蒙，這些荷爾蒙會造成人們心跳加速、冒汗、坐立難安、血壓上升、胃腸不適等症狀。長期處在壓力下，會造成身體耗竭，損及內分泌系統與其他生理機制，可能導致疾病或死亡。科學家已經證實，十二指腸潰瘍、高血壓都和長期的壓力有關。

壓力之下，人們既不容易記住新事物，也不容易回想起舊有的記憶；壓力會損害注意力，甚至可能造成認知缺陷；壓力會導致害怕情緒，包括恐懼、焦慮和憂鬱的發生；同時，壓力還會誘發憤怒情緒，可能因此發洩在自己身上，造成自傷自殺，也可能發洩在別人身上，引發攻擊行為。

壓力對社會的危害也不可小覷。壓力會使人變得冷漠，減少助人行為的產生，還會助長反社會行為的發生。

你能感受到壓力嗎

有一類人，天生就能夠敏感的覺察到壓力的存在，這種人有A型行為模式特徵。例如，高度成就競爭取向，包括傾向於強烈的自我批評，且為目標努力奮鬥，但未感受到努力與成就的喜悅；強度時間急迫性，總是與時間賽跑，不耐煩，希望同時做一件以上的事；容易被激起怒意或敵意，但未必會明顯的表露出來，這是A型行為最具特徵性的一項特質，它不只會造成憤怒，也會影響個人的社會支持，增添壓力。

另一類型即B型行為模式，與上述三種特徵都恰恰相反。研究發現：B型行為模式的人，相較於A型行為模式的人，對於壓力的反應較慢且較弱，通常不會感到太大壓力。

其實，通俗來看，A型行為模式就是生活中講的「急性子」，希望事情的發展能掌控在自己手中，一旦出現不順利或挫折，就會誇大「危險」，有小題大做的嫌疑。B型行為模式的人，由於對事情的發展持順其自然的態度，並不刻意去計較，反而感受到的壓力較小。

事實上，現代醫學已經證明，A型行為模式和冠心病的發生率有很高的關聯性。因此，為了更好的應對壓力，忙碌的都市人應該學會讓自己的節奏慢下來，學會按照B型行為模式去享受生活。

你的社會支持力量夠強大嗎

面臨同樣的壓力，為何有人倒下了，有人卻堅強的撐過來了，這與擁有的社會支持密不可分。因此，擁有高度社會支持的人在覺察壓力時，會傾向於減低壓力的嚴重程度。所謂社會支持，指的是感受到的舒適、關心、尊重或是來自他人的協助，主要可分為以下五類。

㈠　情緒的支持

親朋好友給予的同情、關心與在乎，能讓人感到舒適、安心、被愛與歸屬感。

㈡　尊重的支持

親朋好友給予的正向關懷、鼓勵或同意個人的看法與感受，能讓人擁有自我感、勝任感以及被尊重感。

的協助。

（三）實質或工具性的支持

實質或工具性的支持即所謂的直接幫助，包括物質上、金錢上以及其他方面的協助。

（四）資訊的支持

資訊的支持包括給予忠告、方向、訊息、建議或對個人行為的回饋。

（五）網路的支持

網路的支持可以讓人感覺自己是某一團體的一分子。

不同的壓力，需要不同的社會支持。例如，嚴重疾病需要情緒的支持，而車子故障就需要實質性的支持。社會支持就像是我們個人的後援一樣，在我們最困難、最需要時發揮作用。因此，為了能夠增強我們應對壓力的能力，平時就要善於發動和維護自己的社交網，打造自己的人際關係圈，以建立堅實的社會支持力量。

怒氣沖天最傷身體

《三國演義》中為了塑造才智幾近天人的諸葛亮形象，不惜犧牲一代帥才，用三次鬥智失敗而被活活氣死來描繪周瑜。

周瑜少年得志，一心為國事操勞，文武雙用，加上常年征戰，臟腑有舊傷，又不注意調養，最後因為情緒激動，心臟病突發而亡。

可見，情緒激動、怒氣沖天對周瑜而言，就如同是「壓垮駱駝的最後一根稻草」，最終導致英年早逝的悲慘結局。生活在快節奏裡的都市人，對成功的迫切渴求，成功背後的辛酸忙碌，每天打拚生活的極度付出，讓身體承受了更甚於周瑜的壓力，因此我們更應該了解自己情緒的變化，妥善處理憤怒等負面情緒。

憤怒是一種極端的負面情緒，全世界有通用的憤怒表情識別特點，如眉毛上揚、兩眼圓睜、嘴唇緊閉等。人的大腦分左右腦，左腦負責處理理智，右腦負責處理情感。

當人處於極端憤怒時，體內腎上腺素等荷爾蒙的分泌會迅速增多，使心跳、呼吸加速、血壓上升、血糖升高，而血液會從內臟器官大量流向骨骼肌。這些反應使全身處於一種緊張狀態，使你興奮起來並做好戰鬥的準備。注意了，這時候，人容易做出衝動、不理智的事情，是控制情緒的右腦發揮了作用。我們來了解一下憤怒這種情緒吧。

怒傷肝

中醫認為，五臟六腑皆關七情六慾：憂傷肺，思傷脾，喜傷心，怒傷肝，恐傷腎。人發怒時，通常會面紅耳赤，這是因為氣血上湧的緣故，《內經》說怒則氣上，這裡的氣指氣機，是說生氣時會使氣機向上。氣上嚴重時據說頭髮也根根直立，因此有怒發衝冠的成語流傳下來。

中醫講「肝為將軍之官」，就是攘外必先安內，要處理好身體各個臟器筋骨皮肉的不平衡問題，其主要的作用是調理氣機，怒則氣上，氣機逆行，血隨氣湧，肝經跟著受累，兩脅疼痛，脹悶不舒。患者輕則頭暈頭脹，重則暈厥。清代東閣大學士閻敬銘作《不氣歌》中有「他人氣我我不氣，我本無心他來氣，氣下病來無人替」等句子，專門勸後人少生氣。

我很生氣，後果很嚴重

憤怒的好處頂多就是讓周圍的人意識到個體的尊嚴、地位受到威脅後的表現，其目的也是為了得到重視，是一種能夠遺傳的情緒。例如，小孩子透過哭鬧來表達飢餓、不舒適等情緒，目的是引起媽媽或撫養人對自己的注意。

憤怒向外攻擊、指向他人的表現形式有：辱罵、爭吵、打鬥，甚至發動戰爭等。憤怒向內攻擊、指向自己的表現有：心情憂鬱、煩躁不安，甚至到了自傷、自殺的嚴重程度。由此看來，憤怒情緒的表達既是人類生存之必要，又是一種不利於自己和他人甚至社會的危險情緒，因此妥善管理情緒非常必要。

處理憤怒情緒

一想到憤怒，人們就會和攻擊性行為或者破壞性行為連繫起來。之所以這樣，是因為很多人不知道如何有建設性地去利用自己的憤怒。憤怒本身無所謂好壞，關鍵要看處理憤怒以及表現憤怒的方式。

有時候，生活中應該有很多事情是你想改變的，但你又有些擔心，直到你對現狀忍無可忍並覺得怒不可遏的時候，你才會下定決心，採取行動。憤怒至少會在短時間內讓人感到自己精力充沛，促使你採取行動，改變現狀。

還有一種憤怒，可以用來維護自己的權威或獨立，或者阻止對方做一些傻事。如果你是一位父親或母親，那你是不是有為了孩子的安全而生氣的經歷（例如：為了不讓他坐剛喝過酒的朋友的車或者為了不讓他在外面玩到半夜三點）？在工作中，你很可能曾生氣地對下屬說過：「別浪費時間了，這麼多的工作還沒做，趕快忙起來啊！」

但是，當你想利用表達憤怒來報復他人或是發洩時，這種憤怒要不得。當你感到受挫的時候，你是不是想去傷害某人或破壞東西，如傷害他們的感情，對他們進行身體攻擊或者砸碎某件器具？你生氣的目的是不是為了讓他人難受？你是不是為了給他人帶來傷害而得到快感？如果你的回答是肯定的，那你的憤怒就是破壞性的，而不是建設性的。這種憤怒被稱為報復性憤怒，應盡力去化解。

妥善處理憤怒，才能建設性地建立和諧的人際關係，為職業和生活道路造成良好的潤滑作用。

恐慌者更容易得病

俗話說，三十而立。然而職場中並非人人都是順利者，有很多人還處於忙碌之中，心裡仍充滿了恐慌。

今年三十三歲的吳小姐就職於一知名外企，擔任行政經理。在長期的努力下，才擁有今天的職位，吳小姐深知這其中的辛苦。

但是，擔任這個職位已有兩年多了，按慣例，她也該到了再次升遷的時候，可據她自己的觀察，公司高層似乎並無這樣的想法和安排。眼看著自己年齡節節攀升，而事業發展的腳步卻越來越緩慢，倒是不久前新來的副手，在總經理的提拔下，聲勢越來越旺，大有趕超她這個經理的趨勢。

年輕、聰明、伶俐，這些是她所沒有的。都說女人三十歲後，事業發展就開始進入衰退期。曾經的發展計畫才剛開始，三十三歲的吳小姐已經瀕臨衰退的邊緣，這樣的處境讓她備感焦慮和壓力，但苦於無能為力。

其實，吳小姐患上的是成就恐慌感。恐慌的根源，來自於她對於未知職場的恐懼和慌亂，來源於對自我能力和優勢的不自信。這種不自信又無法用言語表達出來，長時間堆積在心裡，會導致各種身心疾病的發生。下面就來看看克服恐慌心理的方法有哪些？

認清自己

當職業進展到一定階段，很多人對自己的認知反而模糊了。有些人會在機會面前瞻前顧後、猶豫不決；有些人會過於追求變化，而放棄有發展前途的工作；還有些人愛跟別人比較，總覺得自己處處不如別人，這種來自內心的干擾容易使人被外界的目標所遷移。到底該何去何從呢？顯然是要和自己的興趣、機遇、堅持等結合起來再考慮職場的發展方向。

合理看待年齡變化

由於年齡而產生的恐慌心理在職業女性中很普遍，上述案例中的吳小姐所恐慌的就有年齡方面的因素。現在越來越多的企業實行全員應徵制，末位淘汰制的壓力壓得員工喘不過氣，主要是因為隨時都可能被老闆解僱，又因年齡因素而被眾多應徵機會排斥。

因此，要正確看待年齡問題，及早為自己做職業規劃，並及時調整目標和定位，定期「充電」，增強職場競爭力。

克服職場倦怠

隨著閱歷的增長，很多人對工作的新鮮感逐漸減少，不少人出現了莫名的疲勞感，這種來自心理的疲勞感降低了工作效率，也削弱了未來發展的競爭力。

克服職場倦怠的有效方法有：休假、適度運動、積極正面思考。而且，資訊時代需要更新、更快、更系統化理論化的知識人才，一定要記得及時為自己「充電」。

克服孤獨和寂寞

曾有位在外企當高層管理者的女士說：「我什麼都有，就是沒有朋友和快樂；我什麼都不怕，就是怕寂寞！」儘管生活和工作繁忙，可是一旦停止忙碌，在夜深人靜的時候，就會從心中湧出一股渴望，渴望將生活中的煩惱、幻想和情感向人傾訴。

人類是社交動物，渴望人際交流和友誼。據美國某網站報導，人們排解孤獨的常見理念是「讓自己忙起來」。但休閒時刻，購物、看電視或喝酒都只能暫時排解不適，治標不治本。

努力參加團體活動，成為團體中的一員，和他人一起分享快樂，一起分擔責任和痛苦，然而這對有些人來說是不容易做到的。但是，你一旦鼓足勇氣去參加一個活動，就會找到使你感興趣的東西，還會發現一些你所喜歡的人，友誼也就隨之而來了。

總之，克服孤獨感很重要的一條，就是必須盡力改變原來的生活和工作環境。一個人的時候，為自己安排一些感興趣的事情，看書、聽音樂，從事業餘愛好等。每個人都會有孤單的時候，在屬於自己的時間裡滿足興趣愛好，乃是人生的一種樂趣。

大起大落會吞噬你的健康

據英國《每日郵報》報導，一名叫卡羅爾的二十六歲英國男子中了樂透大獎，繼而從一名默默無聞的清潔人員成為了千萬富翁，但僅僅過了八年時間，他就將這筆財富揮霍一空，並因吸毒、嫖娼、賭博導致妻離子散，最終不得不重回做苦力的日子。

因中大獎一夜致富的例子數不勝數，而類似卡羅爾因暴富而沉淪的負面新聞也時有耳聞。有錢人過世後，因為財富分配不均而導致家庭破裂、兄弟反目、妻離子散，甚至對簿公堂等悲劇也時常上演。對他們而言，財富的劇增到底是福還是禍？

金融風暴來襲之時，有些人因為理財不善，無法及時從動盪的股市中「逃離」出來，從而無力還債或將數十年的積蓄損失殆盡，也因此喪失了對生活的信心，甚至選擇了輕生等對生命不負責任的做法。

從以上的故事中我們能夠看到，當人面臨經濟能力的大起大落時，最先威脅到的是個人的身心健康，究其原因，在於無法及時調整心態。

大起大落疾病來

世界衛生組織對健康的定義中，有很重要的一條，就提到了社會適應標準。良好的社會適應能力是指個體對外界環境適應並保持動態平衡的過程。這條標準就告訴我們應以平常心對待大起大落。那麼，大起大落包括哪些呢？

心理學上有個很有意思的量表叫做生活適應量表，其中總結了人容易遇到的一些刺激來源，也就是能使人生活的外部環境發生重大變化的事情，分為家庭生活（如訂婚、結婚、流產、喪偶等），職場工作（跳槽、新就業、升遷、海外出差等），社交及其他方面（如好友重病、介入法律糾紛、失竊、事故等），並為這些事情按照對人影響程度的輕重劃定了分數。

百分之九十五的正常人一年內的總分不超過二十分，百分之九十九的人不超過三十二分。生活事件的發生次數、強度及總值與人的身心健康呈負相關。例如，十二指腸潰瘍的患者，其負面事件的分值顯著高於無症狀的B肝病毒帶原者。

不以物喜不以己悲

生活中的挫折和壓力似乎在我們成年後就已無法遠離，當無法完成工作任務時，當無法妥善處理人際關係時，當不能達到自己的理想時，都會使人感到痛苦和壓抑。在這個時候，如何使心態保持平和，真正做到「不以物喜不以己悲」，是需要掌握一些方法的。

首先，樹立自信是最重要的。自信是一種昂揚的精神，是人在怯場時的一劑鎮靜劑。培養積極樂觀的心態要從日常開始。例如：睡覺前，想一些隔天較積極一點的事情（如果沒有，就設想一個），這會讓你放鬆，讓你第二天起床時有微笑。如果你沒有辦法不想心煩的問題，那就寫在紙上，然後寫出可能的解決辦法。讓你的一天從做一件你自己喜歡的事開始，這會讓你的精神狀態保持積極。在遇到困難的時候，給自己積極的暗示。

其次，培養樂觀豁達的處世方式。平衡心態，順其自然，不一定就是一種悲觀消極的生活態度，有時它也是一種樂觀心態的表現。當壓力過大時，便要適當改變自己的思考和行為方式，及時調整心態，凡事不可過於執著，盡量淡泊名利，減少各種欲望，「恬淡虛無，真氣從之，精神內守，病安從來？」這樣可使自己保持心理和諧，反而容易得到自己想得到的。

與其擔心焦慮，不如放寬心任其發展。社會、人生有時也需要遵循自然的法則，這時就需要有順其自然的心態。

第二章　心情與健康

心情對人的健康非常重要，每天擁有一個好心情可以讓人遠離各種疾病。其實，很多健康問題都來自於心理問題，特別是那些生活壓力非常大的人。靜心、學會微笑、學會放鬆是健康生活的根本，只有愉悅的心情才有健康的生活。

肉體、心情與健康的關係

世界衛生組織關於健康的定義是：一種在身體上、精神上的圓滿狀態以及良好的適應力，而不僅僅是沒有疾病和衰弱的狀態。也就是說，一個人在身體健康、心理健康、社會適應良好和道德健康四方面都健全了才是完全健康的人。那麼，我們如何獲得健康呢？

生活方式VS身體健康

健康是人類最寶貴的財富，是人類生存發展的基本要素。健康程度反映生命運動的程度，生命運動的協調、旺盛和長壽就是健康的良好狀態。據世界衛生組織提供的資料表明，人們的壽命雖然在延長，但當全球死亡率降低到千分之十五以下時，與生活方式有關的疾病就出現了。

不良生活方式導致的疾病已成為影響世界人民健康的大敵。同時，專家強調指出，飲食和運動是促進人們健康的主要因素。不科學、不健康的生活方式和生態環境主要包括不平衡的膳食、不懂營養衛生、酗酒、抽菸、好逸惡勞、缺乏運動等。

自詡為注重保養的現代人，你的生活方式健康嗎？美國加州大學萊斯特博士和他的合作者研究出一套簡明的、有助於健康的生活方式，包括：（一）每日保持七至八小時睡眠；（二）每天吃早餐；（三）少量多餐（每日可吃四至六餐）；（四）不抽菸；（五）不飲或飲少量低度酒；（六）控制體重（不低於標準體重百分之十，不高於標準體重百分之二十）；（七）規律運動（運動量視本人的身體情況）。

健康的心靈

健康的心靈包括正確的人生態度、滿意的心境、良好的個性、適度的情緒和滿意的人際關係等。

積極的人生態度包括對周圍的事物有較為清楚的認知和判斷，既有遠大的理想，又有實事求是的精神，處理問題時較客觀，與時代共同進步，心態始終保持健康水準。

統一的人格、良好的個性是健康心理的重要標誌，無論在什麼情況下都應保持統一的人格，做到自信而不狂妄，熱情而不輕浮，堅韌而不固執，禮貌而不虛偽，靈活而不油滑，勇敢而不魯莽，既有堅持到底的精神，又不頑固執拗，始終保持堅定的意志，誠實、正直的作風，謙虛、開朗的性格。

健康心理必須有自我控制能力，有適度的情緒，不過悲、不過喜、不過憂、不過怒；要用積極情緒戰勝消極情緒，不使消極情緒、過激情緒持續較長的時間；要始終保持熱情活力、樂觀向上的情緒，而不要有低下無力、沮喪悲觀的情緒，更不要反覆無常。

健康的身體、愉快的心情是人們永恆的追求。

身心互動，擁抱健康

中醫的「身心互動」理論強調身心的互動作用。其中，身心互動的生理學過程顯示，身體的臟腑功能、血脈運行對於情緒、意識和精神活動造成物質基礎的作用，而情緒、性格、人生態度和信念則影響著人的軀體易感性和身體健康。

佛家說，得不到和已失去是人最遺憾的事情。

對人來說，容易因生活疲憊而失去身體健康，而又容易因壓力過大失去心理健康。因此，為了身心的和諧、健康，要從生活習慣、生活方式中逐漸練習走健康路！

「笑」是免疫力的催化劑

俗話說：「笑一笑十年少，笑十笑百病消」、「一天笑三笑，勝吃神仙藥」……這些話都是說「笑」對身體的益處，雖然有點誇張，但卻蘊含著一定的科學道理。

大笑一分鐘，人體消耗的卡路里相當於運動半小時，所以有減肥的功效；發自內心的笑，能促進食慾，改善睡眠，提神醒腦；人在微笑時，腦電波會發生神奇的變化，促使肌肉和神經得到放鬆；大笑可開發右腦，使思考更具創造性，促進人的感知、記憶、想像、思維、意志等心理活動，對大腦健康十分有益。

英國科學家最近的研究發現，大笑還可以強化免疫系統，有助於身體對抗感冒等症狀，臉部肌肉也可以借此獲得運動，有助於肌膚緊緻。可見，人要想變漂亮，也要多笑一笑才行。

人出生後即有情緒表現，如新生兒或哭或靜或四肢蹬動。嬰兒期是無意識的微笑和自發式的微笑；滿月後的嬰兒聽到熟悉的聲音、看到人的面孔會引發微笑，不過這種微笑也是無差別的微笑；等長大到四個月時，嬰兒開始「認人」了，逐漸只對撫養他的人笑，出現了有差別的社會性微笑，對熟悉的人會無拘無束的微笑，而對陌生人則帶有一種警惕的注意。等到學齡期後，隨著社會化的加深，他們學會了偽裝自己的情感，會看大人的臉色，也理解了並不是所有對自己微笑的人都是朋友。

從笑在人生中的發展歷程來看，是社會發展賦予了笑的意義，並使微笑的社會意義越來越濃厚。可以說，微笑能夠促進人際關係的發展，有利於人的生存。

笑能提高免疫力

笑可以伸展胸肌，擴張胸廓，增加肺活量，好像做了深呼吸一樣，久而久之，可增強呼吸的功能。

笑能使心跳加速，促進血液循環，加強心肌與血管的運動及血液輸出量，對心臟機能的加強及血壓的穩定有很大的助益。但若患有心血管系統的慢性疾病，則不宜大笑。

感到緊張、疲勞或壓力大時，如果能立即找個有趣的事，讓自己笑一笑，馬上可以使全身肌肉放鬆，頭腦一陣清爽，頓時覺得通體舒暢，疲勞、壓力全部消除。

笑以幽默感為基礎

幽默是社會的潤滑劑，說話幽默風趣不但能為周圍的人增添快樂，更能借助帶有深刻哲理和啟迪性的語言使自己具有誘人的魅力。生活中，我們常常可以看見幽默口才所迸發出的智慧火花。

單調乏味的場合，來一兩句幽默談笑，沉寂的局面會立刻被打破；雙方爭論激烈，劍拔弩張、僵持不下時，第三者的一兩句幽默話語，可使爭執的雙方啞然失笑，握手言歡；遇上尷尬場面進退兩難時，一句詼諧的自嘲，既展示了自己的風度，也給了彼此一個化干戈為玉帛的「下坡路」。

有幽默感的人，在展示個人幽默智慧的同時，也展示了自己積極樂觀、平等待人、與人為善的特質，往往更容易成為整場交際活動的中心。

笑是身心健康的「招牌」

身體健康的人，通常都是笑口常開、面帶喜色的，笑植根於心，心鎖則悶，心開則笑。

健康的人，首先是心理健康，即心胸開闊、心境坦然、心平氣和，遇事想得開、看得透、放得下。

現今社會，每個人的壓力都很大，笑一笑可使人減「壓」，這提醒我們改變思想、改變心態是至關重要的，要笑對人生，笑出健康。

「放鬆」是人體的良藥

我們經常看到這樣的新聞，某位藝術大師為了追求創作靈感深入某僻靜所「閉關」，且沉寂一段時間後，復出時往往能帶來令人驚奇的藝術品。一個人遠離了喧囂的鬧市和世人耳目的紛擾時，往往能夠達到放鬆的狀態，審視最真實的自我。

我們還會度假嗎

有一位上班族這樣形容自己的休假，出去玩的時候，也曾因為突然的「無所事事」而感覺慌張，直在心裡罵自己不會享受，其實平日上班時忙得天昏地暗，一下子沒有做事，還真是很難令人接受。

這位上班族說出了大家的心聲。我們在持續的緊張狀態後，要想達到徹底的身心放鬆，確實需要先調整好心態。當你能接受無事可做的無聊狀態時，就開始有能力真正放鬆，而沒有了外在的刺激，才更有能力和內心進行對話。沒有任何事比和內心相通更讓人感到愉悅和自在了。

因此，有位心理學家說：「懂得接受無聊，就能品味放鬆，才能更進一步去享受生活。」原來真正的度假就是要學會享受安靜、享受無聊、享受放鬆、回歸自我。

放鬆VS緊張

放鬆與緊張的關係等同於汽車剎車與油門的關係。駕駛車輛時，必須對車輛的剎車系統進行定期檢修，這樣車子才能跑得更快、更穩。同樣，為了能夠高效做事，人的神經肌肉系統必須緊張起來，而若要在必要的時候能緊張起來，平日裡就必須學會放鬆神經肌肉。

俗話說：「養兵千日用兵一時」，其重點是介紹「養兵」的重要性。那麼，怎麼才能在平日裡放鬆身體和心靈呢？

放鬆身體的好辦法有：多做有氧運動，如游泳、慢跑、打羽毛球和騎自行車等，增加心肺的彈性；合理用腦，如注意工作與休息的節律性；飲食方面需要多補充富含氨基酸、維生素的食物；規律作息時間；遠離都市鋼筋水泥，增加戶外運動的機會。

放鬆心靈的方法有：從心態上解放自己，不比較、不炫耀，淡泊名利，知足常樂；維持健康的友誼，定期宣洩負面情緒與想法；對自己做客觀、真實的評價，有助於建立清晰明確的目標和計畫；培養一個或幾個健康的業餘愛好，從興趣出發，並持之以恆地堅持下去。

特效的放鬆方法

印度瑜伽中有一種極好的放鬆方法，世界各地的人都可以練習這種休息術。如果你中午疲倦了，卻沒有時間睡一個長午覺，只要做十五分鐘瑜伽休息術就能使你恢復精力。如果晚上就寢時，在入睡之前做這種休息術，就會發現你只需要睡較短時間，起來後就能感到清新爽快、精力充沛。

瑜伽休息術是印度瑜伽中的一種頗具效果的放鬆藝術。在整個練習過程中，需要練習者完全集中意識並且逐漸放鬆身體而讓其休息，但這種休息與一般意義上的睡眠有本質區別。因為在正確的練習中，練習者可能用意識去控制它，並且從意識中醒來。對於過於繁忙、缺少睡眠的人們，十五分鐘左右的瑜伽放鬆術就能使人恢復精力。

休息術的訓練方式有兩種，一種是在教練的帶領下進行，一種是由練習者本人在心中自我誘導。通常只有系統練習過一段時間瑜伽的學員才能進行自我練習，大多數學員還需要教練的幫助。

心靜氣順是健康的基礎

紐約時代廣場上萬名瑜伽愛好者聚集在一起進行長達幾小時的瑜伽練習，引發運動愛好者們的關注。

為何發源於印度的瑜伽鍛鍊會如此受西方人的青睞呢？

因為瑜伽練習中的坐禪、冥想、呼吸法等，可以使人呼吸更平穩、肌肉更有彈性、身材更挺拔，難怪會有越來越多的人加入到瑜伽練習的大軍中。

太極拳在全世界有成百上千萬的練習者。太極功夫一招一式中的剛柔並濟、張弛有度，彰顯出傳統中國文化的養生之道——心靜氣順。心靜是指淡泊名利的人生觀、寵辱不驚的處世態度等，而氣順則是指平和的心境、樂觀的心態、不易動怒等穩定的心理特徵。

練習靜心

如果你想要擁有一個更加心滿意足的人生，首先你必須知道自己的潛能，了解真正的自己，靜心就是通往實現潛能的一條途徑。靜心是一種平和的心境，是一種氣度、一種胸懷。雖然我們不至於修煉成古人所言的「泰山崩於前而色不變」的狀態，但經過練習，也可以達到平心靜氣的簡單狀態。

有史以來，許多靜心的方法都要求人們保持靜止，安靜地坐著，就如佛家的坐禪一般。但是，對於身體和頭腦都已經累積了相當大壓力的現代人而言，只是靜靜地坐著並不是一件容易的事情。

在能夠回到內在、深入意識之前，我們需要透過一些方法有效率地釋放身體和頭腦上的緊繃與張力。練習靜心的諸多方法中，最重要的是要掌握自己的呼吸，透過緩慢深長的腹式呼吸的練習，聆聽一些舒緩的音樂，有意識地釋放長久以來被壓抑的感受與情緒。

音樂是寧靜之源

手術前讓病人聽音樂放鬆，效果勝似鎮靜劑，這不是什麼奇聞，正是目前醫院的流行做法。聽音樂有助於緩解術前焦慮，降低血壓，有助於手術順利進行。海外醫院的每個手術室都安裝了音響設備，主刀醫生還能自選曲目，從經典的小提琴到金屬搖滾都有。醫生說：「音樂有時比鎮靜劑還有效。」

音樂能夠激發大腦神經細胞的興奮性，激發積極、健康的情緒，調節內臟的功能。例如，聆聽古典音樂能夠提高注意力、記憶力；聆聽爵士、藍調音樂能夠使人釋放靈感、提升自我感知；聆聽宗教音樂、輕音樂等能夠使人放鬆並感覺舒適、愉悅。

但是，聽音樂要根據自己的興趣聽自己喜歡的音樂，若乾坐著勉強聽自己不喜歡的音樂也是一種痛苦。

記住，聽音樂是一種享受。

淡定沒有錯

人們的精力、智力將隨著人生的打拚而變化，有些人可以平步青雲，有些人卻逐步敗退，心態決定了人的處世為人。閒看庭前花開花落的那種心情，不是刻意培養出來的；成熟穩重的心態是經過歲月的洗禮、經歷的磨合、風浪的顛簸、感情的波折後才能慢慢閃耀出從容的淡定。

淡定是一種寬容的美德，而寬容則需要理解，理解別人的做法有：原諒別人無心的過錯；尊重他人的選擇；不為一點不快而耿耿於懷。事物的存在，必有它存在的理由；事物的消亡，更有它消亡的道理。沒有了尖酸刻薄，沒有了斤斤計較，更不會自尋煩惱。寬容一切，善待自己，也善待他人。用自己的達觀豁達和寬容，取得別人認同的快樂。

生氣就大聲喊出來

一位員工在公司被上司罵了，回家便把孩子臭罵了一頓。孩子生著悶氣，便踢了睡覺的貓一腳。貓受到驚嚇逃到街上，路過的卡車司機為了避開而撞傷了一個行人。這種情況的發生，被心理學家稱為「踢貓效應」，旨在說明控制情緒的重要性。

憤怒是一種常見的情緒，其原因是主觀想像和客觀事實發生了不一致的情況。例如事情的進展比預料的糟糕；某人的態度比自己預想的惡劣；身邊出現一些完全沒想到的不利事件等，都會導致憤怒。

現代人壓力大，控制情緒變得很困難。年齡越小，閱歷越淺，自我意識越強，對情緒的掌控能力越差，於是憤怒的發洩變得很直接。面對所謂的憤怒源頭，隨便找個「出氣筒」，毫無克制的發洩，就像喝醉酒一樣無法克制。

洩憤的方式因為人的個體差異而千差萬別。有人因為憤怒無處發洩而選擇了報復社會的極端行為，有人因為憤怒無處發洩而積壓成疾，無形中損害了自己的身心健康。那麼，該怎樣應對憤怒的情緒呢？

衝動是魔鬼

當遇到令自己生氣的事情時，要先冷靜下來，思考一下，為何自己會如此憤怒？導致憤怒最重要一點就是對人和事情的惡意揣測，這會加重對方在自己心中的形象破壞。

憤怒的危害在於誇大了仇恨，仇恨的感覺使人失去理智，從而採取有破壞性的惡意發洩，而對人際關係的破壞是無法恢復的，因此不能在憤怒的時候做決定，要牢記「衝動是魔鬼」。

合理發洩

現代人的壓力巨大，而精明的商人也看準了「發洩經濟」的商業價值，網路上的發洩遊戲、發洩網站更是比比皆是。例如，有一種減壓玩具，看上去很普通的橡膠球，只要把它往地下狠狠一摔，原本球狀的橡膠頓時會攤成一片，就好像把一個番茄摔在地上似的，而且不管你用多大力氣，摔多少次，它都能恢復原狀。

值得推薦的發洩方法是，有些人自己向自己發洩，把心中想法傳簡訊給自己，寫心情日記給自己。還有另一種模擬發洩的辦法，有些人把對方的名字寫下來，然後燒掉。這些辦法既不委屈自己，也不會造成破壞性的後果，都值得推崇。還有一種發洩心情的辦法就是到山上、海邊等空曠的地方大聲喊出來。

哈佛大學對中年男性調查發現，當詢問他們多久表達生氣的情緒或大力關門、發脾氣等時，結果顯示生氣表達評分高的男性，中風危險只有評分低者的一半。

事實上，適度表達生氣的男性的確比那些用諷刺或敵意來表示生氣的男性中風的機率低。由此可見，能夠舒暢地表達憤怒等負面情緒，是有利於身心健康的。

有人能幫你

當工作中有了壓力通常不適合告訴家人，因為以家人的能力並無法掌控事情的發展，與其讓他們跟著緊張，不如學會一個人承擔；也不適合告訴同事，說不定這會成為把柄，握在了他人的手裡，而且把私人的情緒暴露出來，也許會在公司裡被傳得沸沸揚揚，這樣將會陷入更為被動的狀態；網路聊天，相對於向熟悉的人傾訴，這是較安全的，但卻很難找到志同道合的同伴，能給你所需要的能量；而尋求專業的心理學工作者來傾訴，是一個解決不良情緒的好方法。

心理諮商師的身分有一種效應，能讓人放下許多防禦。有時才第一次見面的人就會說：「啊！你是諮商師，我正為一件事煩心，你可以聽我說嗎？」。把心底話講出來後，感覺舒服多了。

事實上，很多時候諮商師並沒做什麼，而傾訴者的收穫其實來自於他願意開口了。如果他把對諮商師講的話說給身邊一位稍有耐心的朋友，也可能獲得同樣好的效果。

好心情是健康的資本

朋友見面，最常見的打招呼語是：最近如何啊？這個「如何」的狀態指的就是最近心情的好壞，心情好與壞也間接反映出人身體健康的狀況。

隨著的社交軟體的興起，朋友的狀態消息的更改速度之頻繁、內容變化之多讓人目不暇接。說到底，狀態就是一個人心情的寫照，而心情總是在起伏變化當中，因此的狀態欄上各種另類也就不足為奇了。可見，好心情決定了做人做事的基調，那麼，怎樣保持愉快的心情呢？

提高你的幸福感

感受性本來是生理學的名詞，是指感覺系統的感受能力的高低。借用到幸福生活中，就是用以表示人對生活的滿意程度。有人說，幸福與不幸，沒有絕對標準，都是相對標準，都是和他人比較得來的。

有一種說法：倆人去洗手間，只有一個馬桶，蹲著的那個人比等待的那個人幸福。雖然是戲謔生活，但也反映出生活中的幸福感很難不和他人比較，而且這個參照標準經常是身邊的人。

例如，同學聚會被稱為富人炫耀的場合，想當年昔日同窗，大家的起點一樣高，時隔多年後，財富、地位等有了差別，於是有些人心理就產生了不平衡感，覺得自己活得委屈、窩囊。其實細細想來，生活還是那個樣子，為何自從和昔日同窗比較了之後，這種委屈感、不幸福感就一下子充滿內心了呢？

要想活得快樂，就要珍惜眼前所擁有的，提高對幸福的感受能力，不要和他人比較，若和自己的過去比較有所進步，就是幸福。現在青少年對物質豐富的社會還是感到很不滿足，可年長者認為和平安定的生活就是幸福，問題的關鍵在於參照體系不一樣。當你覺得不幸福時，要調整自己的參照點，多想想擁有的，只有這樣才能找到幸福的新座標。

解決自己的不愉快

解決不愉快的心情就是要提高對挫折的容忍度，學會用幽默的方式去面對挫折。大家都知道疾病會壓垮一個人的鬥志，在病魔面前，人顯得既無助又渺小，但積極樂觀的心態是戰勝疾病的必備「藥品」，因此說心情可以致病，也可以治病。

亞里斯多德曾經說過，生命的本質在於追求快樂，而使生命快樂的途徑有兩條：第一，發現使你快樂的時光，增加它；第二，發現使你不快樂的時光，減少它。減少不愉快的小竅門有：給自己找個理由，從過去中解脫出來；不要煩惱沒有發生的事情；不要苛求完美；不要嫉妒；懂得和人分享等。

悅納自我

認識自我是一種境界，是生活在現代社會中的我們所應具備的能力。首先應該明白什麼是悅納自我。悅納自我包括三方面：第一，接受自己的全部，無論優點還是缺點，無論成功還是失敗；第二，無條件接受自己，接受自己的程度不以是否做錯事而有所改變；第三，喜歡自己，肯定自己的價值，有愉快感和滿足感。只有做到這些，我們才能真正地悅納、認識自我。

總之，一個健康的人，是能夠接受一個立體的自我、接受理想的我與現實的我之間的差距。想一想，連自己都無法欣賞自己，又怎麼苛求他人來喜歡自己呢？所以，好心情的源頭是，當自己無法達成目標時，慷慨地對自己說一聲：「寶貝，要愛自己，加油！」

第三章　活出健康的心態

生活中充滿了各種負面情緒，而擁有健康的心態往往可以讓你生活得更加快樂。但是，有時候並不是生活讓人不快樂，而是自己讓自己不快樂。因此，每一個人都應該學會用積極的態度思考人生，學會寬容和放下，這樣你才能夠有充分的時間和精力去享受生活，去體會生活中的美好。

寬恕有助於康復

一代才女張愛玲說過「因為懂得，所以慈悲」，她用這句貼切的話語形容了自己的內心，對於愛情，對於戀人，對於曾經深愛卻無法天長地久的戀人，說出了一個女人最溫暖、最體貼的話語，讓世人感動不已。感動的是她對於愛情的態度，也感動於她對人生的解讀。可見寬恕最能讓人成熟，也能使人睿智豁達。

康朵麗莎．萊斯十歲時隨全家到華盛頓旅遊，當時她非常想進入嚮往已久的白宮參觀，卻僅僅因為她的膚色而無法進入白宮。小萊斯並沒有因為無法選擇膚色而向父親抱怨，而是暗下決心——我一定要進入白宮工作。

年幼的萊斯明白，抱怨為什麼白人和黑人不能平等對她而言毫無用處。她能做的就是寬恕、接受，然後去改變。果然，二十五年後，她以優異的成績從丹佛大學畢業後，以無可爭議的優勢昂首闊步地進入白宮，擔任國家安全顧問，後又升為國務卿，成為著名外交家。

由萊斯的經歷可知，寬恕的作用就是有這麼大。

寬恕不代表無能

夫妻或情侶吵架時，明明很生氣卻假裝沒有生氣，就像經常看到氣呼呼的妻子回答丈夫：「我沒有生氣！」這種否認憤怒，否認自己受到傷害的做法其實是沒有意義的，可是這也是我們經常做的事情。

我們總是羞於承認自己受到了情感的傷害或攻擊，不願意面對自己的痛苦和恐懼，這正是說明了我們內心缺乏對他人的寬恕，認為寬恕他人是脆弱的象徵。

要想獲得寬恕的能力，首先要承認自己的消極情緒，如恐懼、悲傷、痛苦、嫉妒、憤怒等，承認這些感情在心中的分量，不要刻意迴避或忽視，和內心進行積極的對話，問問自己，如何從另一個角度去審視問題發生的原因。

寬恕「壞人」，解放自己

所謂的「壞人」，就是至少有一次證明了這個人有不可信之處，是不值得原諒和寬恕的。這時候，我們該怎麼辦？我們面臨著選擇持續信任對方，還是因為對方的某一次爽約、食言、說謊、違紀而不再信任他？

我們當然知道人格是有一致性的，即上一次這個人表現了不可信的某種特質，這一次也有可能會故伎重演。因此，我們若要信任就要冒風險。

一個曾經因偷盜而被判過刑的青年，出獄後的生活非常艱難，原因是他身邊的人都活在自己的經驗中，很難相信這個出獄的青年會改邪歸正。同樣，一個有出軌記錄在身的人是很難真正得到寬恕的，也很難再有機會贏得伴侶的信任，從而也就減少了他重新做人的機會。

我們有理由認為，給予一個曾經失信的人以信任和寬恕是一種美德，但是這種美德要基於超乎常人的包容力。

真正的信任和寬恕並不是對某一個人的信任，而是對人性、對我們所生活的世界的信任。只有這樣的信任才是健全的，對我們周圍的每一個人的信任才是有基礎的、可靠的。

寬恕自己，愉悅身心

過去可以推導出未來，但過去不等於未來。生而為人，有很多事情我們沒有選擇權，如父母、家庭、國家等。這些事情不如我們所願時，該怎麼辦呢？

也許有人會抱怨父母沒有給予財富和地位、抱怨國家貧窮落後、抱怨長相普通等，但有很多人選擇了不抱怨不哭泣，選擇了寬恕自己的過去，以至最終把握住了現在和未來。

一個人最難跨越的就是他的過去。人生最大的障礙，也是一個人的從前。寬恕使自己尷尬、恥辱甚至是怨恨的過去，是為了自己，而不是為了別人。記住，放下過去，我們才有足夠的精力去面對現在和未來。

放下就是快樂

有一句語說得好，欲望就像手裡的沙子，抓得越緊流失得越多。可現實生活中，沒有幾個人能夠坦然地面對自己的欲望，也無法樂觀地看待成敗得失。

那麼，怎麼做才能夠調節自己的心態，適度地看待得失呢？

知足常樂

知足常樂指的是心平氣和地對待當前的各種境遇，確立一個可望可即的追求目標，不要有過高的奢望，也不要過低地看輕自己。

樂觀地對待自己的工作，是工作順利的條件，期望過高或總是感到不如意，工作反而不順利，進而產生悲觀失望之感，以致處於一種惡性循環的情緒與行為之中。

其實，樂觀與自信一樣，可使人生的旅途更順遂。

分手快樂

很多人在經歷失戀後都會情緒低落、痛苦自責、自我封閉、與世隔絕，甚至嚴重的還會出現自我貶低、強烈的自卑感，以及被世界拋棄的無助感。這時候，急需聆聽這句歌詞：揮別錯的才能和對的相逢……其實它講出了我們在面對愛情取捨時應該有的態度——順其自然。

失戀了以後要學會自我安慰，要告訴自己並不是因為自己不好才導致失戀，而是對方沒有眼光，沒有福氣，是對方的過錯，他將來一定會為此後悔！或是在心裡當先拒絕對方的人，是自己已經打算不要他了，只不過是比他晚開口而已。這種「吃不到的葡萄一定是酸的」的心理，會在一定程度上調節失戀的痛苦，並幫助自己找回自信。

對愛情的重新評估也是擺脫失戀痛苦的好方法，多想想兩人矛盾的地方，告訴自己也許兩個人真的不合適，也許發生的愛情本來就是錯誤和不理智的，所以也許在戀愛階段就分手是件好的事情。這樣可以對愛情有一個正確的認識，從新的角度來評價失戀，就會減輕許多心理壓力，使自己感到平衡。

失戀後可以找朋友傾訴，獲得他們的勸導和安慰，促使自己逐漸把事情想通，或者在沒有人的地方大哭一場，發洩出所有的委屈，這樣合理的宣洩會讓自己感覺輕鬆很多。

失戀後也可以盡量分散精力，多讀書、聽歌，參加一些娛樂性活動，多和朋友聯絡、聊天或遊戲，多從工作、學習等方面證明自己，調整心態，讓自己忘卻失戀的痛苦。

積極的心態是健康的根本

人本來就是社會性動物，大多數人其實都喜歡跟別人比較，比父母、比學校、比成績、比伴侶、比孩子、比長相等，都希望自己是最好的，比周圍的人都出色。

「我是一名大學生，不曉得從什麼時候開始產生了嫉妒與自卑的心理。我總是看到別人的優點，然後拿它與自己相比，並覺得自己一無是處。和漂亮的女孩走一起，會有好多男生看她們，而自己在旁邊就像個醜小鴨。看到比自己成績更好的人就很煩躁，尤其是看到那些本來成績沒那麼好，後來超過自己的同學就更不開心。我有一個室友很聰明，也很有手段，她能摸透每個人的性格，知道在哪些人面前要顯得高傲，哪些人面前要顯得可愛，感覺所有人都能被她耍得團團轉，都對她很好，沒有人對她說一個不字。每每想到這些我就很難受，討厭被人忽略的感覺。我對每個人都很真誠，對別人的要求我也盡量滿足，我甚至不敢發脾氣，怕別人不喜歡我，但我總是感覺別人對我沒對她好。想跟她學一學，但一想到要改變自己的性格又好難受。我該怎麼辦呢？其實，我的相貌和成績都不錯，但我就是不喜歡有人超過自己，否則會不自在，會很自卑。」小蔡在尋求心理醫生的時候，痛苦地說出了上面的一番話。

小蔡這是心態失去平衡，自己給自己找痛苦的表現。要想擁有積極的心態就不要總是拿自己的缺點去對比別人的優點，慢慢心情自然就會好的。要想讓心態積極起來就看看下面的小竅門吧。

自然心態看待「比較」

喜歡和他人比較不是問題，問題在於如何比較。如果比較的目的是為了「驗證」自己的不足，那麼只能說你的眼裡只看到自己的不足，善於發現自己的優點和優勢才是你需要去做的事情。

不要勉強自己去學別人，因為學也學不來。在短期內改變性格就如同扭轉乾坤一樣難。當然能發現自己的問題並完善自己是一件好事。

不和別人比較，坦然面對他人的成功。做人，簡單點，要為別人的進步而高興，而不是暗地裡不舒服，要知道，你內心的東西都會從你的臉上透露出來。

專注於積極的事物

專心、效率高、創造力強都是我們想要達到的做事情的積極狀態。為了達到這個狀態，我們必須保持積極的態度，不要僅僅專注於事情。思想影響行動，行動也會影響思想。如果你微笑，即便你不願意，也會趨向於感覺良好，比悲觀地低頭看著地要好。抬起頭，對你不喜歡的人也微笑。

專心於你所做的事好處在於：你會更喜歡你所做的事情；增加自信，減少煩惱；完成的工作多，進而也會增加自信。

避免跟消極的人交談

辦公室有一類消極的人，他們在任何談話中都會成為消極者。不管你說什麼，他們都能將其轉到消極的一面，以至於在他們身邊的人會感覺鬥志就像是排水管中的水一樣迅速消失。對待這樣的人，如果不能逃避，則可以採用下面的策略。

第一，不要參與消極討論，因為不論你說什麼，他都會找出十個不同的理由回到他的觀點，所以討論將會更加消極，並且你自己也將陷入其中。

第二，伸出援助之手。許多人將抱怨作為呼救的方式，他們可能沒有意識到這一點，所以他們的意見都是以抱怨的方式出現的，而不是請求。我們應該以責任之心伸出援助之手。僅僅是一句簡單的「你還好嗎？」或者「我能幫什麼忙嗎？」可能就會帶來意想不到的效果。

第三，讚美他們積極的一面。他擅長什麼？你喜歡他哪一方面？找出積極的一面並讚美他。剛開始他可能感到非常奇怪並且很排斥，但是內心也會被這些讚美所鼓舞。於是你在他心中種下了第一顆積極的種子，並且一段時間後將會開花結果。如果一切努力都毫無作用，那麼就減少和他們接觸的次數或直接避免接觸他們。

記得獎勵自己

週末或月末的時候計算一下自己都完成了什麼，為自己評分。這樣做可以讓你清楚自己的成就，讓你對生活的方向更加清楚，從而增加自信。如果你認為自己可以達到七十分以上，要記得獎勵自己：去看個電影，跟朋友喝一杯，玩個喜歡的遊戲等。評分和獎勵的時候要看重付出的努力，而不是結果。如果你盡了一切努力，而外在的因素卻阻礙了你，那麼責怪自己是沒有用的，此時還是要獎勵自己的努力。

學會享受生活

有這樣一群人，他們住豪宅、開名車、高收入、衣著光鮮、追求品質與時尚，在對日常生活用品的選擇上也絕不含糊了事。如果他們去購物會要求時尚、健康、環保等，他們還可能會飛去世界各地旅遊並且認為自己很享受生活。

有這樣一群人，他們收入不高、無房無車、在購物方面量入為出，會從實惠、高效等指標出發，他們可能會在公園度過週末時光並且認為自己在享受生活。

生活中有太多的問題需要我們去面對，有太多的壓力需要我們去承受，當然還有很多的責任需要我們去履行。但如果你用一顆享受的心去面對的話，就會生活得很快樂。

智者在生活中發現美好的事物，他們盡情地享受著生活賦予的點滴快樂；愚者總是忙碌地像陀螺一樣，生活在壓抑、煩躁之中，他們不懂生活的真正意義，活得像一部機器。

我們究竟該怎樣享受生活的美好呢？請看看下面提供的參考意見。

保持感恩的心

首先要養成感謝的習慣，每天清晨醒來的時候，閉上眼睛，花幾分鐘想想值得你感激的對象，你的健康，你的生活，你的工作，你頭上的屋頂，你即將去吃的早餐，周圍的美麗世界，你生活中美好的人，你的新筆記本……所有你可以想到的，對它心懷感激。每天早晨的這個習慣會成為情緒的啟動儀式，在意識到生活中沒有東西是邪惡的之後，為之表示高興吧。

有一些人已經在我們的生命中陪我們走過了一段很長的路程，而我們還沒有來得及表示我們的感激和真實的情感，即使是最親近的人，也不要忽略這最重要的一環。對身邊的人要及時表達感謝之情，可以是一張卡片、一封郵件、一個小禮物或是一個充滿溫暖的擁抱，你會得到意想不到的結果。

免費行善，沒有任何利己的想法，為他人做一件好事，只需要是一件小小的事。遞給他一杯咖啡或者茶水，幫他們做一件小事或者任何他們會欣賞的事情。觀察一下這個人，看看他喜歡什麼，有什麼需要，然後做點什麼（即使是小事）來幫助他。行動往往比話語更有力，比起說一聲謝謝，做件好事更容易表達你對他的感激。

留給自己放鬆的時間

「生活就像一場旅行，不在乎目的地，在乎的是沿途的風景和看風景的心情。」放下一切不必要的負擔，讓身體輕鬆起來的時候，同時也放鬆了久居都市中被束縛慣了的心情和精神。

生活中不是缺少美，而是缺少發現美的眼睛。同樣，生活中不是沒有時間放鬆，而是需要我們學會利用時間去放鬆身體和心靈。例如，參加旅遊團，定期利用休假去風光優美的景區或郊區開闊視野，去一些交通等條件相對「艱苦」的地方，有益於提高參與效果和熱情，讓整個旅程既不顯得單調又富有挑戰性，還有利於培養參與者之間的團隊合作和溝通交流。

提高精神享受能力

藝術是人類永恆的追求，許多偉大的科學家都深深著迷於藝術之中，如物理學家愛因斯坦就著迷於小提琴演奏，鼎鼎大名的畫家達文西又集雕塑家、發明家、醫學家、建築工程師等於一身。

《科學與藝術》一書中寫到，藝術和科學的共同基礎是人類的創造力，它們追求的目標都是真理的普遍性。對藝術的美學鑒賞和對科學觀念的理解都需要智慧，隨後的感受昇華與情感又是分不開的。可見，要想提高享受生活的能力，先要學會培養自己的藝術感。

培養藝術感的第一步是提高自己的審美能力，多觀摩一些大師級的繪畫作品，聆聽經典的音樂會，多讀名家經典書籍，參加舞蹈等活動，讓自己的身體沉浸在音樂的律動中，也是近距離培養藝術感的不錯選擇。

總之，享受生活就是要發現生活中的美，用心去感受大自然生態的豐富多彩。

保持年輕的心，像孩童一樣看待世界

有一些人永遠都有著孩童般的心態，用這種心態生活，用這種心態看世界。擁有這種心態的人也都活得非常年輕。

在人的一生當中，最快樂的莫過於幸福的童年時光了，無憂無慮，對未來充滿憧憬，每天都是嶄新的。可是，長大之後，面臨紛繁的人際困擾和沉重的生活壓力，不知從什麼時候起，我們變得不再會用欣賞的眼光看世界，從而使生活變得乏味無趣。那麼，如何保持年輕的心態呢？

裝嫩未嘗不可

網路上有一句令人捧腹大笑的流行語：永遠裝嫩，永遠不知好歹，永遠熱淚盈眶，永遠年輕。這句話雖然聽起來誇張，但是也能看出來裝嫩給人帶來的好處：可以毫無顧忌地追求新鮮事物，永遠保持滿足、驚奇、探索的表情而不受指責，間接的滿足了人與時俱進的心理需求。

繼「蘇珊大嬸」之後，八十一歲的珍妮．卡特勒在《英國達人秀》中一唱驚天下；丹麥女王七十歲不言退位，因為她自認還有太多重要的事需要去做；曾有一支奶奶足球隊助興世界盃……她們正是用行動證明了「人老心不老」的「裝嫩」傳說。

可見，卸下偽裝，適當地裝嫩，回歸童心，是有利於我們釋放內心的壓力的，在這種角色互換中還可以得到心靈的放鬆。

不斷充電

社會的發展日新月異，無知的人並不是沒有知識的人，而是不願意接受新知識的人。接受新知識，就是不斷給自己充電，如培養閱讀的好習慣等。有人說過，閱讀書籍，就像是在和偉大的思想交流。好的書籍和文章，可以使人愉悅身心，也可以使人開闊眼界和思路，可以使你從他人的角度來認識世界。

廣交朋友，從朋友的角度去接受新知識。英國的培根說過，「交談使人睿智」，現代科學也已經證明，語言是思考的表現形式之一。不愛說話會使人敬而遠之，不易與他人相處，而且自己內心的事得不到傾訴，長期壓抑，不利於性格發展。主動和別人交談會使人覺得你易於相處，有利於多交朋友，能鍛鍊口才和人際溝通能力。

保持好奇心

沒有好奇心，就代表「你真的老了！」這並不只是心理作用，越來越多的研究證明，當人們對某一事物產生興趣時，體內就會分泌某種荷爾蒙，讓皮膚不容易長皺紋，器官也不容易出問題。不過，無論什麼原因，「敢嘗鮮，老得慢」都是事實。

日常生活中，你不妨像小孩子一樣，多問問「這是什麼」和「該怎麼做」。

就算兩耳不聞窗外事的人，這麼問久了，也會慢慢培養出好奇心，以至遇到感興趣的東西就一定要試試看。當然，可以激發好奇心的事未必就是沒做過的事，只要能讓人的腦子動起來就達到目的了。

不害怕疾病是打敗病魔的關鍵

人吃五穀雜糧，豈有不生病的？雖然這個道理大家都懂，可是一旦疾病降臨到自己身上，有幾個能夠坦然面對的？

那麼，在疾病面前，我們又該持什麼樣的心態呢？

防患於未然，提高免疫力

健康與疾病之間是一種動態的關係，現代醫學提倡「治未病」的概念，就是要以預防疾病為主。除了改變生活方式、加強運動之外，是重要的是保持樂觀心態。樂觀的心態對提高機體免疫力來說是功不可沒的。

不害怕疾病是打敗病魔的關鍵

對長壽老人養生祕訣進行調查發現，這些老人多生活起居規律、開朗健談，最重要的特點是對疾病沒有畏懼感，生活安定祥和，對未來充滿希望。

有些年輕人，可能因為一個小小的感冒就痛苦萬分、臥床不起。對這種人而言，重要的是提高抗病能力，調整面對疾病的心態，把疾病看成是「順其自然」的事情，是對身體的考驗，是一種對不良生活方式的提醒。

經常聽人這麼說，「我是查出脂肪肝的時候才開始運動的」，「我是上次暈倒了才不敢再節食了」……不要把疾病看成是詛咒，要從身體發出的訊號中，辨別出有用的資訊並合理利用，以達到保持和促進健康的目標。

控制患病後的情緒

人一旦患病就會經歷負面情緒期，如恐懼、憤怒、悲哀等，接著又會經歷逐漸接受得病的事實、積極治療這幾個階段。不同個性、擁有不同人生經歷的人會經歷長短不一的負面情緒期。積極樂觀、有著豐富人生閱歷的人更容易擺脫對疾病的恐懼，更能夠積極投入到治療中；相反，膽小、怯懦、自卑的人容易成為疾病的「奴隸」，往往誇大疾病的症狀，需要很長一段時間去適應「罷工」的身體。

控制自己的情緒，知易行難，對於疾病這個重大的威脅，要學會冷靜分析、沉著應對，要學會控制負面情緒，不怨天尤人，進行合理的疏導。合理疏導有很多方式。例如，理智地分析自己所能利用的醫療資源，爭取第一時間內得到診斷、治療；尋求親朋好友的社會支持，從物質和精神方面「援助」自己；訴諸專業的心理醫生進行治療等等。

胸懷坦蕩，病魔遠離

一位偉大的科學巨人癱瘓在輪椅上幾十年，只能依靠訂製的輔助發音器和大眾交流，可是他的大腦就像一臺「發動機」一樣從來沒有停止過工作，依然孜孜不倦地進行物理學方面的研究，並且解決了一個又一個難題，令世人無不為之震撼和敬仰，他，就是霍金。

他是一個從不畏懼疾病的人，為無數身患重病的人帶來了希望和鬥志，鼓舞他們和病魔進行頑強抗爭。說到底，他的胸懷決定了他的鬥志，他對科學的不懈追求賦予了他脆弱身體無限生機。

疾病或許會伴隨人一生，有些人帶病生活、帶病工作幾十年，儼然已經習慣了疾病的存在。其實這些樂觀的人，只是胸懷坦蕩，有更長遠、清晰的生活目標而已，他們選擇了刻意「忽視」疾病，真正做到了把握住人生所擁有的幸福。

學會隨時調整自己的心態

從前有個愁容滿面的老太太，無論晴天或是雨天都在抱怨天氣，晴天時擔心大兒子的雨傘生意，雨天時擔心二兒子的染布生意。後來經過高人指點迷津，勸其晴天時多想二兒子的布匹生意多麼興隆，雨天時就多想大兒子的雨傘銷售多麼旺盛，如此一來，老太太的愁容一掃而光。

從這個古老的民間故事中能夠看出，調整心態對心理健康的重要性。我們不能改變環境的時候，只有改變自己的心態，從客觀事實的變化中看到對自己有利的方面，適時地「幽」自己一「默」，調節心情。

人的一生猶如一次漫長的旅行，路途遙遠，充滿無數艱難挫折，會經歷痛苦、喜悅、無奈，嘗盡酸甜苦辣。

那麼，究竟該以何種心態披荊斬棘，達到自己的目標呢？

擺脫嫉妒心理

俗話說：嫉妒是心靈的毒蛇。《心理學大辭典》裡解釋：「嫉妒是與他人比較，發現自己在才能、名譽、地位或境遇等方面不如別人而產生的一種由羞愧、憤怒、怨恨等組成的複雜的情緒狀態。也就是一種「恨人有」的不良心態，這種情緒一旦產生和積壓，會毒害人的心靈，使人失去理智和判斷力，從而滋長有害的行為（毀壞或佔有）等。

叫花子不會嫉妒百萬富翁，但他們會嫉妒比自己混得好的叫花子。這句話的意思是，嫉妒一般發生在同階層中。

那麼怎樣克服和擺脫嫉妒心理呢？

第一，停止與嫉妒鬥爭，承認它並接受它。這或許聽起來有點反常，但當你抵制一種情緒時，往往你卻給了它更多的能量；相反，當你接受一種情緒，你便能隨意地看待它，停止給它提供能量，最終這種情緒將會逐漸消失。

第二，培養灑脫的心態。嫉妒常常來自生活中某一方面的「缺乏」。為了擺脫這種侷限和破壞的心態，你可以讓自己灑脫一點，告訴自己，新的機會隨時都會有的。總有新的工作機會、新的伴侶、新的朋友等著你。灑脫的心態讓你獲得內在的情緒自由，並讓你更放鬆、更積極。

第三，停止和別人比較，選擇和自己的過去比較。與他人比，你永遠只能一時高興。這世上總有人比你擁有得更多、更好，所以在這場較量中，你不可能「贏」。檢視自己的成長和收穫，評價自己的付出和所得，思考自己的經歷和規劃，這將使你的心態變得更積極，情緒變得更穩定。

克服自卑情緒

阻止我們前進的另一個大障礙就是自卑，自卑是對自我評價過低的一種消極的情緒體驗，並且伴有害羞、內疚、憂鬱、失望等特徵。

正如心理學大師阿德勒所言，每個人都要超越與生俱來的自卑感。自卑感會讓人喪失戰鬥力，會在本來可以完成的任務中停滯不前。

克服自卑的第一要素是真誠地面對自己的感覺。如果你因為個子矮而自卑，要稍微運用一下「阿Q」精神，想想「矮個子聰明、長壽、濃縮的都是精華」等，再看看歷史上矮個子的名人比比皆是，想想人的成功和個子高低的關係不大，努力挖掘自己其他方面的優點來加以補償。

第二是保持清醒的頭腦，不可出現補償過度的情形。有些人由於自己的交際能力差而深感自卑，便把全部的精力投向了工作，由於過度補償，整日為工作而不顧一切，失去了生活的平衡，反而不利於健康。應該在心理學家的幫助下，設定合理的目標，循序漸進，逐步建立自信心。

第三是要了解到並不是所有的自卑都是有害的。強者和弱者都會有自卑感，我們應該學會合理轉化，把劣勢轉化為優勢，充分利用自卑對個人潛能的激發作用，發現自身的優勢，發揮自身的潛能，保持自信。

及時反省自己

「每天反省自己」，這句話好像是十足的老師的口吻。事實上，這句話價值連城，如果你能認真地實踐，保證會受益匪淺。你所做的一切，有時候旁人會提醒你，但絕大部分人看到你做錯事、說錯話、得罪人時會袖手旁觀，因此你必須透過反省才能了解自己的所作所為。

反省的內容包括人際關係、做事的方法及原則、自己的目標等。反省的好處是可以使人修正自己的言行，繼而朝著目標一步步前進。

第四章　當自己的心理醫生

其實，很多心理問題都不需要到醫院找心理醫生解決，大多數的心理問題，只要還沒有發展成心理疾病，都可以透過自己調整來解決。不過，每種心理問題都是不能忽視的，當這些問題一旦成為習慣，或者超出一定的範圍，就會由心理疾病轉化為身體的疾病。

情緒的氣象臺——胃

生活在城市中，隨時都會有影響心情的事情發生。例如，一大早去上班，被塞在車海人流中，於是八點心情開始不爽；匆匆趕到公司，發現遲到幾分鐘要被扣掉全勤獎，九點你的鬱悶心情開始升級；不經意間發現有位同事在辦公室裡散播有關於你的不實消息，十點鐘你除了驚訝不已還感到憤怒……

十二點的午餐時間到了，坐在餐廳裡，看著色香味欠佳的便當，你慢慢拿起筷子，可是胃裡滿滿的不知道是什麼東西，一點胃口也沒有……

這是生活中一個很常見的場景。沒錯，是早上的諸事不順影響了你的心情，繼而影響了你的胃口。胃是情緒的氣象臺，試看下面的例子。

案例一：弱不禁風的林黛玉

《紅樓夢》中身處大觀園中的林黛玉滿腹才華、聰明絕頂，雖然過著在外人看來錦衣玉食的生活，還被祖母及眾親戚萬般疼愛，但失去雙親、寄人籬下的愁苦，以及不能和寶玉有情人終成眷屬的相思之苦使她始終處於壓抑的情緒中，致使她的飲食和睡眠總處在不良狀態中，最終日漸消瘦至香消玉殞。

案例二：體重暴增的陸文斯基

與美國前總統克林頓的緋聞事件曝光之後，陸文斯基躲避到母親的鄉下住處，日日猛吃昏睡，體重一下子增至將近一百公斤，短短幾個月就成了一個身材臃腫的女人。

從以上兩個不同時代的案例中，我們不難看出不良情緒對消化造成的影響，茶飯不思或暴飲暴食都對胃造成了「傷害」，從而損害人體的健康。但是，情緒是怎麼影響人的胃口的呢？

急性壓力——胃酸分泌增多

有研究者對考試壓力能否導致胃潰瘍進行了研究，共邀請了七位耶魯大學四年級的學生進行測試，在沒有壓力、心情放鬆的情況下讓他們分別吞入一條胃管進行胃酸分泌量的測量，然後在他們臨近畢業考試的時候再進行一次測量。

測量的結果令人驚訝，其中有五位學生的胃酸分泌量有了顯著增加，而另外兩位學生的胃酸分泌量沒有顯著變化。經過調查發現，這兩名學生分別已經被常春藤聯盟名校和醫學院錄取，因而在畢業考試之前沒有產生焦慮情緒，所以胃酸分泌量沒有顯著變化。

隨著現代生活節奏加快，許多上班族在壓力情境中表現出胃痛、胃脹的狀況，這也和胃酸分泌量過多有關。

慢性壓力——消化不良

一位性格內向的老人，退休之後又經歷了喪妻之痛，在這之後，經常鬱鬱寡歡、不想吃飯、日漸消瘦。還有一位女性為了追求纖瘦的體型，強迫自己節食，久而久之，胃黏膜長期得不到血液供應逐漸萎縮並失去功能。

由此可見，長期慢性壓力下會使人體的腎上腺素等荷爾蒙發生變化，胃黏膜血液供應及胃酸分泌失調，長此以往，胃的功能就出現了紊亂，進而出現飯後胃脹、不消化等症狀。

上班族的無奈

隨著社會現代化進程的加快，上班族雖然外表光鮮地出入高級辦公大樓，但時常加班、飲食不規律、夜生活頻繁等導致胃的生物節律出現紊亂，使身體在該休息的時候得不到休息，於是該工作的時候也就「罷工」了。

下面請自測自己的生活壓力，看看自己的胃是否已經受到了不良習慣或不良情緒的威脅？

A　是否喜歡進食辛辣、油膩、寒冷的食物？
B　是否有三餐不定時進餐的情況？
C　是否因為加班經常飢一頓飽一頓？
D　是否經常進食速食？
E　是否有吃夜宵的習慣？
F　是否有菸酒嗜好？
G　心情不愉快時是否感覺食慾明顯下降？
H　心情不愉快時是否喜歡大吃大喝？
I　是否經常需要吃幫助消化的藥物？

若你對上述問題的回答大部分是肯定的話，那麼就可以預見你的胃快要「抗議」了。

胃是人體消化系統中的「功臣」，負責將口腔研磨過的食物分解成分子狀供腸道進行吸收，吸收後的物質才會給人體輸入能量，成為強壯身體的前提，因此我們一定要善待自己的胃。若說對於好胃口的追求，是為了擁有一個健康的身體。那麼，保持心態平和、情緒穩定、飲食規律並適當給自己減壓，是擁有一個好胃口的前提。

緊張煩躁情緒中的腹瀉和便祕

現在，越來越多的上班族被便祕和腹瀉困擾著，究其原因大多是由於心理壓力過大。那麼，心理壓力是怎麼導致腸道問題的呢？

再過幾分鐘，指考就要開始了，可是小李卻還蹲在洗手間裡痛苦不堪，雖然已經吃了止瀉藥了，還是連跑了好幾次廁所，她無奈地跟老師解釋：可能是吃壞肚子了。

實際上，她心裡很清楚，每逢大考前，她不擔心別的，就擔心肚子不受控制。腹瀉的問題已經困擾了小李很多年，去醫院檢查了很多次，胃腸鏡檢結果也正常，所以醫生建議她到精神科去看看。

說起健康，人們大都認為心、腦、肝、腎等臟器與之關係密切，而對腸道卻不屑一顧。殊不知，腸道健康與否也關乎生命的安危。腸道素來有人體「第二大腦」之稱，世界衛生組織定義的健康標準中就有一條是「便得快」：一旦有便意時，能很快排泄大小便，且感覺輕鬆自如，在精神上有一種享受的感覺，這說明胃腸功能良好。

醫學家用直腸鏡長期觀察人的乙狀結腸，並有意識地利用心理社會因素刺激受試者，使其產生憂鬱、失望或憤怒、焦慮、反抗等不良情緒，此時發現大腸蠕動受到了抑制，並且乙狀結腸也痙攣地收縮，致使糞便滯留，反覆多次便發生便祕。當受試者產生恐懼、內疚和不滿情緒時，大腸蠕動反而增強，從而導致腹瀉。

當你因腹瀉或便祕的問題而看了醫生，做了一系列的檢查，結果卻被告知患有情緒性腸道問題時，就應該大鬆一口氣，告訴自己「別緊張，不是什麼嚴重的疾病」，但是也不能麻痺大意。那麼，怎樣從生活中調節腸道呢？

規律運動

便祕者多和久坐不動、血液長期淤積在下肢、胃腸供血不足、腸道蠕動過慢有關。因此，對於便祕者應該多參加一些體育活動，最好是規律的運動，每週至少做三次以上的有氧運動，且每次堅持半小時以上。

如果做有氧運動條件不足，也可做腹式呼吸及腹部按摩進行鍛鍊，即起床前及睡前用兩手依順時針方向，即腸管正向蠕動的方向推揉腹部。對於容易腹瀉者，最好做一些氣功鍛鍊、吐納練習、太極拳等，以鍛鍊自己的呼吸肌、腹肌等，還可以在醫生的指導下做縮肛運動，練習對肛門部位肌肉的控制感。運動最重要的是循序漸進、持之以恆，只有如此才能見到效果。

調理飲食

容易因為緊張而腹瀉的人，飲食宜清淡、易消化、少渣、富營養食品，避免豆類、奶類及高纖維的蔬菜等，最好選擇做得軟、熟、爛的粥類、麵條類、肉類、含纖維低的蔬菜；少吃高脂食物，以免因其難消化而加重腸胃負擔。例如，少吃高脂的速食，用脫脂牛奶代替全脂牛奶等；少量多餐，大約間隔兩至三小時少量吃一些東西，每次進餐不要吃得太快，以減輕腸胃負擔。

健康的飲食是預防便祕的主要方法。一日三餐中的粗糧與細糧、葷菜與素菜的搭配要合理。多吃水果、蔬菜等高纖維食物，避免油膩食物。富含纖維的食物包括含麥麩多的粗製麵粉、糙稻米、玉米、燕麥、大豆、薯類、水果和蔬菜等。

重視足量飲水，如早上起來喝一杯白開水對改善便祕有好處；每天飲用綠茶三至四杯，因為茶中的纖維素也可以幫助清理腸道；養成每天定時如廁的好習慣，即使無便意，也要去蹲一蹲，以形成條件反射。

放鬆情緒

情緒性的胃腸問題，說到底，還是要學會自我放鬆，達到一個最佳的工作情緒狀態。在繁重的工作、學習、生活壓力下，自我放鬆的小技巧有：（一）聽音樂放鬆，有人習慣聽輕音樂放鬆，有人則喜歡聽舞曲放鬆，還有人喜歡自己演奏樂器來放鬆神經，只要找到適合自己的音樂，達到放鬆的效果就可以；（二）學會深呼吸，當人緊張焦慮時，有意識地做幾個緩慢而深長的呼吸，身體會逐漸擺脫壓力狀態，情緒也會逐漸平穩；（三）調整睡眠習慣，或者增加午休的時間；（四）把要完成的任務列出來，一旦完成，立刻從清單中清除，看似不起眼的動作也會為大腦釋放出很大的「儲存空間」。這些方式的放鬆都很簡單，如果無法達到想要的放鬆效果，不妨請教一下心理醫生進行生物回饋療法，真正體會一下行為學大師的放鬆技巧。

從皮膚看身心健康問題

從古至今，皮膚是觀察一個人健康與否的重要指標。當兩個熟人見面時，話題常常由「臉色」開始——「您最近臉色真好，一定是有什麼喜事吧？」、「看你臉色蒼白，是不是最近沒睡好啊？」其實，臉色就是一面可以看出一個人生理、心理狀態的鏡子。

小林今年二十五歲，最近一直沒睡好，還月經不調、易怒，臉上長了很多痘痘，膚色暗沉，當她頂著兩個黑眼圈去醫院皮膚科看醫生時，醫生的第一句話就問：年齡？結婚沒有？壓力大嗎？小林一頭霧水，皮膚跟結婚沒結婚有什麼關係啊？後來醫生解釋到，容易長痘的肌膚屬於油性肌膚，在壓力大、情緒緊張時，皮膚油脂分泌旺盛，一旦清潔力不夠，油脂堵塞毛孔，引發細菌感染，就會形成痘痘。

古人形容健康皮膚的詞語有：面若桃花、白裡透紅、膚如凝脂、吹彈可破、冰肌玉膚等，形容病態肌膚的有：面色萎黃、面如灰土、面如靴皮等，皮膚是否健康，皮膚科醫師通常會從皮膚肌理、水分度、光澤彈性、膚色等因素來判斷。

高壓力下臉色「難看」

人們的工作壓力增加，生活越來越沒有規律，熬夜晚起、吃高熱量的食品、菸酒不離手，都是可以從臉上顯露出來的。一位上班族透露，在經期或是工作比較繁重的月底，常常被別人說臉色「難看」，「有時會用粉底遮掩，但會讓臉顯得更加蒼白，反而更不自然。」熬夜之後，皮膚通常會因為脫水而粗糙、暗黃、沒有光澤、眼袋深、眼神無力，成為疲勞最典型的印象。

臉色代表精神狀態

小劉最近正處在熱戀當中，整個人看起來容光煥發，連臉上的小雀斑看起來都那麼可愛。原來是因為愛情可以使身體的女性荷爾蒙分泌增加，而在女性荷爾蒙的作用下，淚腺分泌也隨之增加，進而使雙眸潤澤、清澈如水，皮膚也更加細膩、紅潤。

臉色除了可以反映身體健康程度以外，還可以反映一個人的精神面貌。臉色恰到好處的紅潤會讓人覺得精力充沛、快樂開朗；如果面色蒼白或蠟黃，會讓人覺得沒有衝勁和鬥志，在工作上，人們一般也不願意和這樣的人合作；如果面色鐵青，會讓人覺得過於嚴肅或陰沉，難於溝通；如果面色過紅，會讓人覺得此人衝動、不夠理智。

中醫的察「顏」觀色

傳統醫學中的「視診」也包括觀察面色。

面色蒼白、沒有光澤、不夾雜血色。中醫認為，這種白色多跟氣虛、血虛關係密切。氣能生血，氣虛了，生血的功能就減退了，血就不能夠營養面部，就會出現蒼白色。此外，還有一種面色蒼白是體寒引起的，這類人特別需要保暖。

面色蠟黃、焦黃，往往不是脾虛就是體內有溼氣。如果脾胃虛弱以後不能正常消化，營養物質就不能滋潤面部，這時候就會出現黃色。脾除了消化營養物質以外，還會進行代謝，如果溼邪不能正常代謝，營養物質異常積聚，也會造成面色出現不正常的蠟黃。

面色通紅、潮紅。健康的紅是由內而外散發的，而不健康的潮紅就像潮水那樣，如有人會在下午時面色發紅。潮紅和陰虛、上火有關，一般面色潮紅的人還有五心煩熱的表現，也就是心情煩躁、兩手心兩足心發熱。

面色黑、枯萎、憔悴。發黑的面色會讓人看起來像老了好幾歲。中醫認為，腎虛的病人多見面色黑，黑眼圈也屬面色發黑，就是因為腎虛導致水代謝異常造成的。

面色鐵青。青屬於肝的一種色，臉色發青一般是由氣滯血瘀引起的。這種人的性格特徵很明顯，如多疑、愛鑽牛角尖、容易莫名其妙地發火等。另外，也有可能是因為受寒，人們有時說「凍得發青」，就是因為氣滯影響了氣血的運行。

究竟是什麼搶走了我們的食慾

究竟是什麼搶走了我們的食慾？我們能夠理性控制自己的食慾嗎？

二十六歲的小美是一間公司的小職員，在和交往兩年的男友分手之後，心情一直低落，把自己關在家裡，整日回憶和男友過去的點點滴滴。一整個月都沒有胃口，吃飯就是象徵性地和餐具打個交道，人整整瘦了一圈，急壞了父母和親友。

家人、朋友的勸解怎麼也換不回小美的胃口，她只是說，「我就是不餓，不想吃飯」。

二十二歲的小林恰恰相反，因為失戀，她毫無顧忌地暴飲暴食，不管冷熱酸甜拿來就吃，甚至對於那些高熱量的垃圾食品也是來者不拒。

她說，「只有吃才讓我有幸福感，我要彌補我自己」。其實，暴飲暴食並不是對身體的賞賜，而是在無意中傷害自己。

古人講：「民以食為天，食色，性也」，無不透露出飲食的重要性，在歷史上大部分時期，人類都處於食物嚴重匱乏的環境中，只有那些擁有旺盛食慾的人，才懂得處心積慮、樂而不疲地去尋找一切能為身體帶來營養和能量的東西。

可是現代人在高壓生活之下，難得有幾次能夠酣暢淋漓地吃飯，倒是經常聽到有人說，「最近事多，心煩，吃不下飯」。

古代文學作品中，經常看到痴情男女因為無法終成眷屬而一氣之下臥床不起，幾日茶飯不思，結果多是因為營養不良而亡。

現代人因為情感壓力也有不思飲食的，但畢竟醫學發達了，到醫院注射「營養針」，回家調理幾個月，等過了感情的困惑期，身體也就逐漸復原了。

生活中，搶走我們「寶貴的」食慾的原因有以下幾種。

壓力過大

現代人面對著日益激烈的生存競爭，無論是在工作中還是在生活中，都背負著沉重的壓力。學生的考試壓力、就業壓力，甚至競爭從幼稚園就開始了；年輕上班族的工作壓力、婚姻壓力、生育壓力、購房壓力；中年人的贍養壓力、退休危機、身體健康壓力；老年人的情感壓力、疾病壓力；等等。這些壓力都會導致人精神不安、情緒焦慮、心煩易怒、人際關係緊張、幸福感降低。當然，對身體首當其衝的影響，就表現在休息和飲食方面，表現為睡眠品質降低和食慾不佳。

以瘦為美的價值觀

「你看她多瘦啊！」、「喔，也太瘦了吧？」、「是天生的，還是減的呀？」現在你時常都可以聽到這樣的對話，因為我們正處在一個以瘦為美的時代。不知道從什麼時候開始，骨感美已經成了大多數人追求的目標。在這個以瘦為美的時代，肥胖成了揮之不去的噩夢。

近年來，隨著社會經濟和全球化的發展，人們的飲食習慣、審美觀和價值觀都發生了改變，美容瘦身越來越受到女性的青睞。大量媒體資訊和行銷策略都營造出「以瘦為美」、節食促進成功的氛圍，使女孩子從小就被灌輸「瘦的女性比胖的女性更具有吸引力、更成功」的觀念，這些因素導致刻意控制自己食慾的人越來越多。

不良的生活方式

現代年輕人常靠外食解決一日三餐，養成偏愛燒烤食品、辛辣重口味、高鹽高熱量、抽菸飲酒等不良生活方式，破壞了胃腸道的正常功能，損傷了胃黏膜。長期不定時吃飯的人特別易患膽囊炎、膽結石。

當吃太飽時，又可能會因胃過於擴張而形成反流性食道炎，長期下去可引起腹脹；經常吃速食易使人肥胖和血脂升高、缺乏維生素；經常食用夜宵會使胃腸道得不到有效的休息；抽菸飲酒會損壞胃黏膜的完整性。

不要把食慾當成敵人去打擊，食慾是我們身體的一部分。只有了解食慾，妥善管理，才能與其和諧共處，才會有一個好身體為我們的生活服務。

關於睡眠的心理問題

睡眠品質對於身體健康很重要。失眠會導致早衰、疲倦、憂鬱、注意力不集中，還會引發身體一系列的不良反應。隨著生活方式的轉變和生活節奏的加快，越來越多的人飽受失眠的困擾。

小李，大二學生，因為失眠問題心煩。她告訴心理醫生，自己是一個很注重養生的人，所以每天一定睡滿八小時。但是，自從上了大學，開始和室友合宿之後，她的睡眠品質就受到了威脅。

每天她上床後就希望能很快睡著，可室友的聊天聲、翻身聲等種種噪音總讓她感到很痛苦。她盡量不參與室友在睡前的聊天，也用了戴耳塞、數數等方式幫助自己入眠，但在大家都安靜入睡之後，她還是在床上輾轉反側，難以入睡。

每天到了入睡時間，她就開始擔心，而越擔心越睡不著，越睡不著越擔心，結果導致失眠的惡性循環。開學不到兩個月，她的體重竟然下降了十多斤，白天讀書也漸漸變得沒有效率。

心理醫生告訴小李，其實困擾她的根源是心理問題。對合宿生活的不適應導致小李的情緒問題——「怨室友，怕失眠，想入睡」，本意是想睡，但這樣想就會導致腦細胞的興奮繼而引起她的睡眠困擾——入睡困難。在明確了她的問題之後，心理醫生對小李進行了心理疏導，首先調整了她對群體生活的看法，從改善和室友的人際關係開始，逐漸改善了她的睡眠問題。

學生考試前期的焦慮，上班族生活壓力增大、生活無規律、人際交往複雜等種種情況使得越來越多的年輕人加入了失眠一族的行列，而這些失眠問題有很多是心理問題導致的。下面就讓我們看看睡眠中有哪些心理問題。

害怕做夢

不少自稱失眠的人，無法正確看待夢，認為夢是睡眠不佳的表現，對人體有害，甚至有人誤認為多夢就是失眠。這些錯誤觀念往往使人焦慮，擔心入睡後會再做夢，這種「警戒」心理，往往影響睡眠品質。科學證明，做夢不僅是一種正常的心理現象，而且也是大腦的一種工作方式，還可清除白天一些不必要的資訊，有助於記憶。

對過失不能釋懷

有些人因為一次過失，感到內疚、自責，總是在腦子裡重演過失事件，並懊悔自己當初沒有妥善處理。白天由於事情多，自責懊悔情緒還稍輕，可是一到夜幕降臨後就在自責、懊悔的幻想與興奮中久久難眠。此外，還有一些人因期待某人或期待做某事而擔心睡過頭誤事，所以常出現早醒。

對童年創傷的記憶

有些人由於童年時受到失去父母、恐嚇、重罰等創傷而感到害怕，並出現怕黑夜不能入睡的現象，這種情況隨著年齡增長會逐漸好轉。但成年後，由於受到某種類似兒童時期的創傷性刺激後，會使被壓抑在潛意識中的童年創傷性心理反應再現，於是重演童年時期的失眠現象。

過於依賴物理環境

正如上面案例中的小李，由於家庭環境良好，所以養成了只有在安靜的環境中才能入睡的習慣，對環境中的變化很敏感，不能適應外部環境。其實睡眠的節律性主要是大腦神經的興奮和抑制交替進行而形成的。白天，腦神經的興奮使人保持清醒，到了夜間以大腦的抑制功能為主，如果對物理環境（如聲音、光線等）的改變過於敏感，則神經容易興奮而導致失眠。

對於因心理問題導致的失眠，要從心理上進行調節治療。此外，還可以嘗試飲食療法或在醫生指導下進行適當的心理治療。

找到自己的情緒變化點

有研究發現，一般人的一生平均有三分之一的時間處於情緒不佳的狀態。因此，人們需要發現自己的消極情緒，並與那些消極情緒抗爭。

一時的情緒失控會帶來巨大的損失和終生的遺憾，學會控制情緒對我們每一個人來說都是非常重要的。

消極有害健康

憂愁、悲傷、憤怒、緊張、恐懼、憎恨、敵意等這些都是消極情緒，而且對我們的健康十分有害。古代就有喜傷心、怒傷肝、思傷脾、憂傷肺、恐傷腎的說法，現代健康概念中，把生理、心理、社會的因素歸結為影響健康的三大因素。

消極情緒不利於完善個性。馬加爵殺人事件就是一個很典型的例子。馬加爵與四名同學發生矛盾，為報復洩憤而將四名同學全部殺害。他實際上是一個情感體驗細膩，情緒反應相當強烈的人，但他外表又給人相當壓抑的感覺，而且不善言辭。真正決定馬加爵犯罪的心理問題是他以自我為中心的性格，而這種性格是由他強烈、壓抑的不良情緒導致的。

消極情緒影響我們的學習、工作和人際交往。學生情緒低落時，上課注意力不集中，記憶力下降，平時簡單的題目也變得困難；員工情緒低落時，工作中容易發生差錯，導致決策失誤。消極情緒會導致我們看什麼都不順眼，容易和同學、同事發生口角。

我的情緒我做主

很多時候，心情不好時，我們會表情沮喪，說話有氣無力。也就是說，心理影響了我們的行為，那麼我們反過來試想一下，當我們表現出快樂的、充滿信心與活力的表情、動作時，我們的心情又會發生怎樣的改變呢？

（一）微笑

微笑讓我們的嘴角永遠保持上揚，並給予自己積極的自我暗示：我很快樂、我很堅強、我能做好等。健康地開懷大笑是消除壓力的最好方法，也是一種愉快的發洩方法。

（二）抬起你的頭，來一個深呼吸

不要垂頭喪氣，你的行為會造成一種消極的暗示，讓你覺得你真的不行了。來，從現在開始，抬起你的頭，昂首挺胸，目光堅定，告訴自己：我是成功者。這個簡單的動作是不是在快速地改善著你的情緒呢？好，從現在開始，抬頭，微笑。

(三) 做事速度快百分之二十，說話聲音大百分之二十

心情低落時，加快你行動的速度，不要拖拖拉拉，強而有力的行為會增強你的信念，使你的鬱悶、憂愁變淡；說話要有力度，要擲地有聲，而且大聲地告訴自己：我喜歡我自己。心理學家經過統計發現，在他們所能想到的自我激勵的語言中，最能產生信心與力量的語言就是：我喜歡我自己。好，試一下，深呼吸，告訴自己，我喜歡我自己。

(四) 換位思考法

思想決定態度，態度決定行為，行為決定結果。人之所以不愉快是因為他用自己的思想為自己畫了一個框，把自己鎖在裡面，讓自己扮演受害者。我們所要做的就是改變思考方式，改變不合理的看法或想法，從積極的建設性的角度出發，去思考遇到的人和事。

(五) 提問法

當遇到難題或不愉快的事情時，對自己進行提問，將注意力集中在問題和解決

問題上，而不是只在情緒上打轉。

第二篇　情緒心理學

情緒就像一種暗藏在角落裡的怪獸，我們不知道它什麼時候就會失去控制，並讓一切變得不可收拾。很多時候，我們犯錯都是因為一時的情緒衝動，等我們冷靜下來，仔細思考的時候，我們便會後悔莫及。因此，學會一些情緒掌控術為我們的情緒裝上一個重要的剎車系統，能避免生活中的很多錯誤。但是，掌控情緒並不是很簡單的事情，它需要我們時刻警醒自己，而它帶來的好處將是無法估量的。

第五章　控制情緒是一門藝術

控制情緒對於很多人來說都有一定的困難，因為很多情緒都是非常激烈的或者是非常深沉的，所以掌握控制情緒的方法對每個人來說都非常重要。人有七情六慾，而我們所說的控制情緒並不是讓大家都消滅情緒，而是教會大家如何梳理、緩解和發洩這些情緒。

情緒的操縱在於自身

週末準備和朋友相約一起逛街，因此早早出了門就站在公車站，等車的人（包括你在內）都望著車來的方向，心裡盼望著公車趕快來，可是今天好像有點不對勁，平時該來的那班車還沒有出現。

於是感到越來越著急，不停地看表，不斷地探頭看著車來的方向，心想車怎麼還不來。不知不覺眉頭皺了起來，心情開始有點壞了……終於坐上了車，見到了朋友，但似乎等車時的情緒還沒有完全消失，看起來也不怎麼高興，原本可以很美好的一天被這種小事影響了。

有沒有覺得這種情況很熟悉？這就是我們的情緒在發揮作用，你覺察到了嗎？很多時候我們意識不到情緒的產生，甚至不會去控制它，然後任由它反過來操縱我們，攪壞了我們的好心情。而事實上，我們是可以管理自己的情緒的。

從前，有一個老員外特別喜歡牡丹花，因此他家的庭前院後都種滿了牡丹。有一次，他的一個老朋友來家裡做客，臨別時老員外採了幾朵心愛的牡丹花相送。老朋友非常高興，回家後將花插在了花瓶裡。

一天，老員外朋友的鄰居到他家串門子，看見插在花瓶裡的花說：「你這牡丹花每朵都缺幾片花瓣，這不是富貴不全嗎？」老員外的朋友聽後十分生氣，認為這是很不好的兆頭，於是就把花還給了老員外。

老員外聽了笑著說：「牡丹缺了花瓣，這不是富貴無邊嗎？」老員外的朋友聽了又變得很開心，所以又把花重新插到了花瓶裡。

既然我們要控制、管理好自己的情緒，就需要了解情緒本身才可以。下面就為大家詳細地解析情緒是如何產生的，是什麼在影響著情緒？最後，透過小故事的啟發，來教大家一些控制情緒的方法。

誰在影響情緒

說到情緒我們並不陌生，高興、悲傷、憤怒、恐懼等都曾體驗過。對於情緒的定義並不單一。歸結起來，情緒是伴隨著認知和意識過程產生的對外界事物的態度，是以個體的願望和需要為仲介的一種心理活動。也就是說，無論哪種情緒，它的產生都需要一個刺激，當這個事物觸動到我們的信念時，就會產生不同的情緒，並且伴有生理上的反應。那麼我們應該責怪刺激我們的這件事嗎，是它讓我們有不好的情緒的？可是為什麼同樣的事情可以惹你生氣，卻對別人毫無作用呢？到底是周圍的事情在影響我們，還是我們自己的想法在其中作怪呢？

為什麼面對同樣的牡丹花，情緒卻一波三折呢？是牡丹花影響了他的心情嗎？可牡丹花並沒有變啊，還是一樣的花。問題就在於讓心情從不好又變好的不是單純的牡丹花，而是他自己。在聽了缺少花瓣之後，就按照這個人的想法相信了。經過更多的思考了嗎？沒有，如果這個時候能夠想一下，也許就不會因此而傷感了。所以說，刺激我們的事情可能很簡單，而影響我們情緒的往往是我們自己的想法，這個時候我們就會不加思考地繼續想下去了，到底是不是這麼回事？這樣想有沒有問題？結果卻讓情緒反過來欺負了我們。

如何控制情緒

陸軍部長史坦頓曾經對林肯抱怨一位少將用侮辱的話指責他。於是林肯建議史坦頓寫一封憤怒的信，好好罵他一頓。然而，等史坦頓寫完一封措辭犀利的信準備寄出去時，林肯卻對他說：「不要胡鬧，這封信不能寄，快扔到爐子裡去吧，凡是生氣時寫的信，我都是這麼處理的，這封信寫得好，寫的時候你已經出氣了，現在感覺好多了吧，那就燒掉它，再寫第二封吧。」

這就是一種處理情緒的好辦法。前面我們說了，當有什麼刺激到我們敏感的神經時，先冷靜下來想清楚，這本身就是一個調節情緒的好辦法。

當情緒已經發生時，試試以下這些方法吧。

(一)　改變關注點

想想事情好的方面，積極的一面，把注意力從不順心的事情中轉移出去，觀察身外之物，思考事外之事。

(二)　變換環境

俗話說，眼不見心不煩，道理就在這。環境對人的情緒、情感有著重要的影響力和制約作用。當情緒激動時，轉身走人，換個環境，就會產生意想不到的效果。

(三)　做自己喜歡的事情

例如，進行喜歡的運動或者吃喜歡的食物，穿喜歡的衣服等。只要大家不反對，只要自己開心，你就可以從低落的情緒中走出來。

(四) 傾訴

傾訴是人的天性，你若有知心朋友或者傾訴的管道，那就把你的情緒宣洩出來吧！你也可以透過寫信、寫日記傾訴情緒。

心浮氣躁是阻礙成功的絆腳石

心浮氣躁，對於成功心太切，火候還不夠的時候做一些超前的事情，通常都不會有好結果。

公司裡來了一位新員工，大家對這位新同事很熱情。剛來不久，這位新人就嶄露頭角，以自己精湛的專業知識讓大家肅然起敬，也很受老闆的重視。

然而時間久了，大家發現了他的一些問題，做什麼都想自己衝在最前頭，在上司面前很愛表現。一天，同事聊天時他說出了自己的心聲，原來他很渴望成功，想證明自己的能力，讓所有人尊重他。

後來有一天，他氣沖沖地從主管辦公室出來，說是辭職不幹了。事後才知道他認為自己的業績是有目共睹，要求主管幫他升遷，但被拒絕了，所以一怒之下走人了。其實他要是不這麼著急，升遷是早晚的事，老闆心裡還是有數的，只是時間未到，同事們都為他感到可惜。

看到故事裡發生的事情，是不是也該對自己做個檢討呢？有沒有心浮氣躁？如果心浮氣躁了該怎麼辦？到底怎樣做才會成功？怎樣做才會擺脫浮躁？下面將為大家一一解答。

你心浮氣躁了嗎

浮躁是成功、幸福和快樂的最大敵人。平日裡，我們常常心不在焉，常常坐臥不寧，常常沒有耐心做完一件事情，常常計較得失，常常急於成功，為此我們感到身心疲憊。

時常我們也會朝三暮四、淺嚐輒止、自尋煩惱、喜怒無常、焦慮不安、患得患失，這些都是因為我們心浮氣躁。若我們被浮躁控制了之後，將會一事無成。浮躁會默默地、不知不覺的完全支配著我們的行動，不管我們做什麼，都會阻礙我們獲得成功。

曾有一位大學教授深有感觸地說：「現在不少年輕學子已很難平靜地聽完老師和家長的話，也很難看完一本名著或欣賞一首名曲，他們無法堅持聽完最後一堂課，他們對基礎理論課的學習不感興趣。」這些學生忘記了量變到質變的道理，他們希望立竿見影。

有沒有靜下來的時候？想一想自己到底想要的是什麼？自己真正的目標是什麼？難道我們真的不需要付出什麼就可以一夜成名嗎？

這樣才有可能成功

成功最好要做到隨時、隨性、隨遇、隨緣、隨喜。

禪院的草地枯黃了一大片。

「快撒些草籽吧，好難看啊。」徒弟說。「等天涼了，」師父揮揮手——隨時。

中秋，師父買了一大包草籽，叫徒弟去播種。

秋風突起，草籽飄舞，「不好，許多草籽被吹飛了。」徒弟喊。「沒關係，吹去者多半中空，落下來也不會發芽，」師父說——隨性。

撒完草籽，幾隻小鳥即來啄食，徒弟又急了。「沒關係，草籽本來就多準備了，吃不完的。」師父繼續翻著經書——隨遇。

半夜一場大雨，徒弟衝進禪房：「這下完了，草籽被沖走了。」「沖到哪兒，就在哪兒發芽，」師父正在打坐，眼皮抬都沒抬——隨緣。

半個多月過去了，禪院長出青苗，一些未播種的院角也泛出綠意，徒弟高興得直拍手。師父站在禪房前，點點頭——隨喜。

沒錯，徒弟的心態是浮躁的，常常被事物的表象所左右，而師父的平常心看似隨意，其實卻是洞察了世間玄機後的豁然開朗。

最終決定一個人成功與否的是他的思考方式、信念、態度、自我期望和習慣等內在因素。心浮氣躁也是一種態度，而這種態度會阻礙我們成功。因此，要想成功，就要學會冷靜、清晰地處理問題，面對一切困難。

離浮躁遠一些

心浮氣躁就在我們身邊，遠離它，我們也會輕鬆很多。

（一）為自己設定目標

我們每一個人都是獨一無二，無法複製的，自己的目標也無須和別人一樣，按照自己的標準達到目標就是成功。

（二）不要急於成功

成功是一個過程，也是一種經歷，學會享受過程帶給我們的收穫和快樂，急功近利只會一事無成。

（三）不要盲目跟風

社會的多元化讓我們有了更多的選擇，而哪些是真正屬於我們的呢？看到別人發家致富，功成名就，可想過那些是否適合自己？沉澱下來，明確自己的目標。

（四）坦然面對得失

常常因為失去而鬱鬱寡歡，常常因為得到而欣喜不已，這會讓我們變得更加浮躁，而人生又總是在得到與失去中度過，所以我們應該坦然面對。

(五) 感恩的生活

感謝賦予我們生命的父母、給予我們知識的老師、給予我們幫助的朋友……感恩的活著。

悲觀會讓你不快樂

現實生活中，總是有悲觀者與樂觀者，接下來我們就看看他們到底有什麼區別，看看他們到底是怎麼想的？

曾經有一位父親，想對自己的一雙孿生兒子作「性格改造」，因為其中一個過分樂觀，而另一個又過分悲觀。

一天，他買了許多新玩具給悲觀的孩子，又把樂觀的孩子送進了一間堆滿馬糞的車房裡，想看他們會怎樣？第二天清晨，父親看到悲觀的孩子正哭得泣不成聲，然後問他：「為什麼不玩那些玩具呢？」「玩了就會壞的。」孩子仍在哭泣。父親嘆了口氣，走進車房，卻發現那個樂觀的孩子正興高采烈地在馬糞裡掏著什麼。

「爸爸，我跟你說喔！」那孩子得意揚揚地向父親宣稱：「我覺得馬糞堆裡一定還藏著一匹小馬！」聽了這個兒子的話，爸爸笑了起來。

這樣的兩種人，不同的兩種生活態度，如果讓我們選擇，會更想要哪一種心情呢？選擇第一個兒子，我們會不快樂，變得鬱悶；選擇第二個兒子，我們會快樂些，對嗎？何不快樂一些呢？樂觀者與悲觀者之間，其差別是很有趣的：樂觀者看到的是甜甜圈，悲觀者看到的是一個大窟窿。

一個年輕的女孩和男友有一段美好的回憶，然而男孩卻離開了她。男孩離開之後，這個女孩變得鬱鬱寡歡，認為再也不會有人喜歡她了。

漸漸地，女孩把這種悲觀的態度帶到了其他方面，做事情的時候總覺得自己會失敗，遇到一點困難也會認為自己沒有能力解決。時間一長，女孩失去了愛好和朋友，變得不再快樂了。

對於悲觀的人來說，甚至對於我們每一個人來說，都應該學會發現身邊的快樂，其實快樂離我們很近。

悲觀者與樂觀者

悲觀的人遇到問題都是怎麼想的呢？悲觀的人對於壞事情和壞消息都極為敏感、有偏愛。他們好像一個警惕的哨兵，總是警覺著周圍環境中的危險訊號。他們凡事習慣往壞處想，並且會用鑽牛角尖的方式將這些焦慮擴大化，在工作上碰到小挫折後就會把它全面化：「我的生活整個都完了」；永久化：「我這一輩子都完了」，似乎這一件事就能決定他的一生；要不然就完全自責化：「這一切的一切都是我的錯！」這麼一來，焦慮無限膨脹，意志消沉絕望，久而久之還怎麼能快樂起來呢？並且時間一長也容易產生一些心理問題。

對於樂觀主義者，他們總是假設自己是成功的。也就是說，他們在行動之前，已經有了百分之八十五的成功把握；而悲觀主義者在行動之前，卻已經確認自己是無可挽救的了。這樣的人，當然無法整天快樂的生活和工作。因此，為了我們能擁有快樂的生活，快快重新整理一下自己吧。

快樂就在身邊

快樂是自己的，快樂也是真實的。高興的一天是過，煩惱的一天也是過，為什麼不開心、快樂一點呢？讓我們把悲觀的態度拋開，擁抱快樂吧！

用心尋找周圍樂觀的人，努力接近樂觀的人，觀察他們的行為。透過觀察，你能培養出樂觀的態度，也會慢慢學會怎樣樂觀、快樂的生活。

以幽默的態度來接受現實中的挫折，不要把什麼事情都看得那麼嚴重，稍有不如意就認為糟糕至極。我們每個人都一樣，都會遇到各種困難，要知道自己並不是最特殊的那一個，沒什麼大不了的，就當是個玩笑吧。

即使處境不盡如人意，也要尋找積極因素，任何事情都有兩面性，一定要去尋找積極的另一面，不要只看到一面就痛苦不堪。

即使你失敗了，也要想到自己曾經多次獲得過成功，這才是值得慶幸的。

將我們心中的結打開，學會積極地面對人和事，不論何時，我們都應該堅信：我可以的。那麼做起事來就會很開心，快樂也就會隨之而來。

情緒的失控總帶有很大的盲目性

想想平日生活中的自己，是不是會因為一點小事就生氣、不高興，有時自己的情緒失控還會波及周圍的人，這都是情緒失控的盲目性導致的。

接下來我就為大家詳細解析一下情緒失控的盲目性，以及如何調控我們的情緒。

情緒失控是盲目的

當我們受到外界刺激時，大腦會把這些訊息用兩條途徑送出：一條直接通到掌管情緒記憶的杏仁核，而另一條則是先送往理性中樞的大腦皮質後，再傳到杏仁核。

兩條通路有著先天設計上的不同，直接通往情緒中樞杏仁核的道路簡單而狹窄，因此訊息的載運量低，通過的速度快。事實上，大腦所接收到的刺激中，只有不到百分之十的訊息往那裡送，然而速度超快，通常只要千分之十秒左右。也就是說，當我們碰到狀況時，往往在極短的時間內就會對支離破碎的不完整訊息作出情緒反應。

這下你應該懂了，這個莽撞衝動、看似荒謬的情緒路線的設計，其實是為了讓你我能在危急的情況下，用最快的時間作出躲避危險的反應，以確保自身安全。而另外百分之九十的訊息則是被送到大腦皮質做理性分析的，速度雖然慢了些，但是慢工出細活，出來的報告就會精準多了。

因此，情急之下，在事情正在發生時，我們的精細加工還來不及進行，只能產生盲目的、還不夠理智的情緒了。

人人都需要控制情緒

一位年輕律師因排隊問題與人起了爭執，在憤怒之下失手將對方打死了。作為律師，他應該比普通人更懂法，發生這樣的事情，唯一的解釋就是他沒有管好自己的情緒，在衝動之下失去了理智導致犯罪。

從心理學的角度來說，直接引起情緒反應的不是事件本身，而是人對事件的認知和態度。例如，同樣面對困難，有人總結失敗的教訓，並繼續奮發圖強；而有人則消沉、悲觀，從此對前途絕望。

許多人都想控制好自己的情緒，但遇到具體問題時總是知難而退：「控制情緒實在是太難了」。這是一種不良暗示，它可以毀滅你的意志，喪失戰勝自我的決心。

因此，要改變一下對情緒的態度，用開放性的語氣對自己堅定地說：「我一定能控制情緒，現在就讓我來試一試！」這樣，自我控制的自主性就會被啟動，有了自我控制的意識，就會經常提醒自己，主動調整情緒，自覺注意言行，在潛移默化中完善自己的情緒。

情緒控制一二三

(一) 體察自己的情緒

隨時提醒自己：我現在的情緒是什麼？例如，當你因為朋友約會遲到而對他冷言冷語時，問問自己：我為什麼要這麼做？我現在有什麼感覺？如果你察覺到你已對朋友三番兩次的遲到感到生氣時，你便可以對自己的憤怒做更好的處理。

(二) 適當表達自己的情緒

再以朋友約會遲到的例子來看，你之所以生氣可能是因為他讓你擔心，在這種情況下，你可以婉轉地告訴他：你過了約定的時間還沒到，我很擔心你在路上發生意外。也就是說，你應該試著把擔心的感受傳達給他，讓他了解他的遲到會帶給你什麼感受。

(三) 以適宜的方式紓解情緒

紓解情緒的方法有很多，有些人會痛哭一場，有些人會找三五個好友訴苦一番，也有些人會逛街、聽音樂、散步或逼自己做別的事情以免想起不愉快的事。紓解情緒的目的在於給自己一個理清想法的機會，讓自己好過一點，也讓自己更有能量去面對未來。

依賴是進步的大敵

很多時候原本可以一個人完成的事情卻遲遲無法完成，這並不是能力不夠，而是當事人正在等待，等待可以依賴的人，依靠別人來完成。

這是一個眾所周知的故事。一對夫婦視女兒為他們的掌上明珠，可是嬌生慣養的女兒長大後基本上什麼事都不會做，處處都依賴父母，毫無獨立性可言。

一天，父母必須要出趟遠門，但又怕女兒一個人在家餓死，就想了一個自認為萬無一失的辦法。他們烙了一張大餅套在女兒的脖子上，並告訴她如果餓了就咬一口。女兒覺得這個辦法不錯，餓了低頭就有餅吃。這下一個人在家也不會餓肚子了。過了一段時間，父母出遠門回來的卻發現女兒已經餓死了。

原來，她只知道吃脖子前面的餅，而脖子後面的餅卻不知道轉過來吃。

這是誰的錯呢？只因為孩子過於依賴父母，一點也不獨立，導致什麼也不會做。如今的孩子多是獨生子，在家裡就是寶貝，致使許多孩子對家人過度依賴，以至長大後極度缺乏生活自理能力，根本無法獨立完成一件事。這樣一來，更別談進步了，連自己都照顧不好，將來還如何分出精力做事呢？

面對這些事實，我們是不是應該好好想想，是什麼讓我們變得如此依賴而忽視獨立的重要性呢？怎樣做才能讓自己更加獨立呢？下面將為大家一一解答。

依賴哪來的

依賴心理在生活是一種比較常見的現象，只是每個人的程度不太一樣。當過度依賴時，就會影響我們的正常發展。過分依賴他人的人經常需要他人的幫助和指導，遇事往往猶豫不決，缺乏自信，很難單獨進行計畫或做事，總是依賴他人為自己做出選擇或指出方向。

依賴心理的形成是一個長期的過程，受多種因素的影響。從小家長的教育就十分重要，教育不當引起的心理依賴主要同父母的過分照顧或過分專制有關。有些年輕人，從小就受到父母的過度溺愛，生活中的一切均由父母包攬，從沒有為自己的事情考慮過，所以他們缺乏獨立生活和處理問題的能力。

另一個原因與不自信有關，喜歡依靠他人，對自己不夠信任。因此，在日常交往中，會不自覺地把自己放在配角的位置，心甘情願地受他人支配。過度依賴是一種消極的心理狀態，影響個人獨立人格的完善，制約人的自主性、積極性和創造力。

獨立如此重要

前美國總統約翰．甘迺迪在很小的時候，父親就很注意對他獨立性格的培養。一次，父子二人駕著馬車出外遊玩，由於馬車速度太快，小甘迺迪從馬車上摔了下來。

他以為父親會下車扶他，所以就趴在地上沒有起來，然而父親卻坐在馬車上沒下來。甘迺迪喊道：「爸爸，快來扶我！」父親問道：「你摔受傷了嗎？」兒子帶著哭腔說：「是的，我感覺自己爬不起來了。」父親嚴厲地說道：「那也要自己站起來，重新爬上馬車。」

甘迺迪掙扎著從地上站了起來爬上馬車，滿臉委屈的看著父親，父親語重心長地說：「兒子，人生就是這樣，跌倒了，爬起來，奔跑，再跌倒，再爬起來，再奔跑，在任何時候都要靠自己，沒有人會去扶你。」

為何甘迺迪在那麼小的時候父親就如此重視培養他的獨立性呢？就像他父親說的，在任何時候都要靠自己，不能等著別人來幫你。每個人生活在社會上都是一個獨立的個體，我們需要工作、生活，要做的事情很多，都需要我們自己來處理。

如果事事都依賴他人，我們自己又會從中學到什麼，能夠勝任什麼呢？我們還如何發展，如何進步呢？每個人都是在不斷學習中進步的，如果事事都依賴他人，我們還學什麼呢？生活是自己的，不是別人幫自己過的。

通向獨立的路

(一) 增強自信心

自信是對自身潛能的肯定，是追求事業成功過程中的一種良好的心理素質。只有自己相信自己、自己戰勝自己的信心，就會發現最可以依賴的人原來是自己。

(二) 培養獨立性

過度依賴別人會使自己缺乏主見，遇到問題時會茫然不知所措。提高動手能力，多向獨立性強的人學習。在遇到問題的時候要做出屬於自己的選擇，努力培養自我獨立的思考能力。

(三) 培養獨立的人格

人人都需要幫助，但是即使接受他人的幫助也必須發揮自己的主觀性。對大事可徵求別人的意見，然而別人的意見只能是參考。從對別人的依賴中解脫出來，讓自己更獨立。

憂慮會造成巨大的壓力

在很多時候，我們總是為了那些很可能不會發生的事情而擔心、焦慮，因此倍感壓力，整天處在緊張狀態之中。

吉姆．格蘭特是一家批發公司的老闆，每次都要從另一個城市買十幾車水果。以前，他常因一些無聊的問題倍感壓力，比方說，萬一火車失事了怎麼辦？萬一我的水果滾得滿地都是怎麼辦？萬一我的車子在經過一座橋，正好橋突然垮了怎麼辦？後來才發現自己這種問題。

於是他對自己說：「注意，吉姆．格蘭特，這麼多年來你送過多少車水果？」答案是兩萬五千多車。然後問：「這麼多車次中有過幾次車禍？」答案是大概有五次。然後他對自己說：「這意味著出車禍的機率是五千分之一。那你還有什麼好擔心的？」

但是他又自己說：「嗯，說不定橋會塌下來呢。」然後再問：「在過去，究竟有多少次橋塌？」答案是一次也沒有。

最後，他對自己說：「那你為了一座根本從來也沒有塌過的橋，為了五千分之一的汽車事故機率憂慮成這樣，不是太傻了嗎？」

也許我們還不如吉姆．格蘭特，不會仔細算其中的機率，以此來打消憂慮。每天面對這些讓我們擔心、著急的事情，總需要有辦法來解決。

因此，下面將為大家解析我們的憂慮從何而來，擺脫這些憂慮我們需要做些什麼，怎樣做才算精明，而不被那些惱人的憂慮控制。

憂慮哪來的

「完了，完了，這下我死定了！」、「我一定會失敗的，該怎麼辦？」、「萬一出事了怎麼辦？」這些想法有沒有在我們的頭腦中出現過？是不是一旦冒出這些想法就會手心出汗，心裡緊張，不知道該怎麼辦好了？接下來做什麼事情總覺得壓力很大，做也做不好。沒錯，那你肯定是過度憂慮了，即總是被還沒有發生的事情所糾纏，不能集中精神做眼前的事。

我們之所以會這樣，就是因為我們分不清過去、現在和將來，把萬一、可能的事情當作了一定和必須，沒意識到這只是一些小機率事件。雖然說我們不能完全排除對過去的反省與對將來的思考，但也要適度。

反省過往不代表要活在過去，而防患未然更不意味著要預知未來。有些人之所以感到很有壓力，是因為他們時常不經意同時活在「過去、現在、未來」的三度時間中。既掛念著過去又焦慮未來，往往會擾亂了現在的生活，因而倍感壓力。

活在當下，認清未來

有一個禪宗故事：一位和尚被一隻老虎追趕，當他爬下一處峭壁時，他的衣服不幸被樹枝鉤住，而不巧的是，這附近剛好有一個老虎的巢穴，穴裡住著一隻兇殘的老虎。這時，和尚發現周圍的樹叢中有一串草莓，於是他採下草莓，專注地聞著草莓的芳香，並小口品嚐，心中開心地想著：「好甜的草莓！」

這個故事告訴我們，如果能夠做到這般覺察當下，就能真正活在當下，而擺脫過去和未來這兩隻老虎的威脅。回頭看看我們自己，生活中的很多事情都是我們自己想像出來的，從沒發生過或者將來也不會發生，而正是這些幻想的事情卻讓我們如此焦慮。

做個精明的人

美國海軍常用機率統計的數字來鼓勵士兵的士氣。海軍總部頒發了十分精確的統計數字，指出被魚雷擊中的一百艘油輪裡，有六十艘並沒有沉到海裡去，而真正沉下去的四十艘裡，只有五艘是在不到五分鐘的時間內沉沒的。也就是說，絕對有足夠的時間可以跳下船——死在船上的機率非常小。這樣對士氣有沒有幫助呢？

「知道了這些機率數字後，我的憂慮一掃而空。」一位海軍士兵說：「船上的人都覺得好多了，因為我們知道我們有的是機會。」

看來，做個精明的人沒什麼不好，可以精確的知道事情發生的機率，排除我們的後顧之憂，做起事來也會信心十足，哪還有那麼大壓力呢！

嫉妒是痛苦的製造者

可能人人都有嫉妒他人的時候，可是嫉妒到底從何而來，又是怎麼產生的，我們了解它嗎？

有兩隻老鷹，一隻飛得很快，而另一隻飛得較慢。後者非常嫉妒前者。有一天，飛得較慢的那隻鷹對獵人說：「前面那隻飛快的老鷹請你用箭射死牠。」獵人同意，但提出要拔一根牠的羽毛。「好！」牠欣然答應。可是獵人第一次並未射中，於是又拔了第二根羽毛，然而，還是沒射中。

就這樣，一根根拔下去，一支支射出去，直到牠再也飛不起來了，老鷹痛苦不已。獵人大笑著把牠提去美餐了一頓。

這就是嫉妒的後果，不僅會感到痛苦，有時甚至還會把自己搭進去。有句十分流行的話：羡慕，嫉妒，恨。說得很好，把起因、過程描述得很到位。歸根結底痛苦的還是自己，花費自己的情感去讓自己痛苦，最終還失去了自我。

每個人都想過得快樂，可是嫉妒會讓我們變得不快樂，那麼要怎麼做才能減少嫉妒，生活在快樂之中呢？下面將為大家提供思路。

羡慕，嫉妒，恨

我們可能會羡慕別人有權，羡慕別人的成功，羡慕別人的長相等。當我們看到別人在名譽、地位、錢財、愛情等方面都比自己擁有的更多時，就會羨慕他人。這是情理之中的，這些羨慕也許還會成為我們前進的動力。

然而，有些人羨慕之後會心生嫉妒。嫉妒會讓我們變得痛苦，時常想著別人比我們好，別人過得越好自己就越難受，但我們還是不願意承認別人的好。

時常因為別人的事情讓自己不高興，把精力放在別人身上，這樣的人能不痛苦嗎？久而久之也就產生恨意，而做出一些不理智的事情來。大家都在這個社會上生活，何不多關注自己呢，讓自己成為別人羨慕的對象呢。

豁然開朗

人的一生是有限的，當人們從嫉妒中走出來的時候，就會有一種豁然開朗的感覺。嫉妒纏身，只會讓我們的路越走越窄，即使透過嫉妒別人達到一定的目的，那也是不光彩的。嫉妒來源於對我們自身價值的不信任，所以真正聰明的人應該認清並消除嫉妒這個惡魔，增強自己的實力，從而證明自己。

（一）開闊眼界，全面具體地看問題

讓自己見多識廣，累積豐富的知識，自然就不會以狹隘的眼光看問題，也不會因為一點小事而大動肝火。學會信任別人。與人交往首先要彼此信任，排除懷疑和猜忌。當別人比你強的時候，可以向別人取經，武裝自己。

（二）勇於面對現實

世界多樣，人也多樣，別人所擁有的不一定適合自己，自己同樣擁有別人所不能及的東西。只靠羨慕、嫉妒別人是沒有用的，自己不努力依舊只能一成不變。增強個人修養。在生活中不斷磨鍊自己，成為一個心胸開闊的人。

切莫讓情緒失控

情緒管理往往說起來容易做起來難。為什麼總感覺是情緒在主宰我們，而不是我們在主宰情緒呢？

羅柏斯沉迷於海洛因，但當時家裡急需用錢，於是他決定行竊。當天他行竊的

公寓住有兩名女子，二十一歲的珍妮絲和二十三歲的艾蜜莉。羅柏斯挑上這家公寓，是因為他認為當時不會有人在家，但沒想到珍妮絲卻恰巧在家，羅柏斯拿著刀子威脅她，並將她綁起來。

就在羅柏斯搜刮完畢要離開時，艾蜜莉也回來了，羅柏斯也把她綁起來。多年後據羅柏斯回憶，珍妮絲警告他，他絕對逃不了，她會記住他的長相，協助警方逮捕他。羅柏斯本想著就偷這一次，以後好好做人，但一聽珍妮絲的話立刻驚慌起來，以致完全失去理智，一時慌亂的他抓起玻璃瓶將兩人打昏，驚怒交集之下又將兩人刺殺數刀斃命。

二十五年後，羅柏斯回憶那一刻：「當時我急瘋了，整個腦袋就要炸開了。」幾分鐘的失控使羅柏斯懊悔一輩子，以致三十年後的今天他仍舊在監獄。

一時失控釀造大錯，以致後悔莫及。在我們的生活中，經常會因為一點小事而發脾氣。例如，心裡想著要控制情緒，然而失控的動作卻總是先到一步。

下面將詳細地解析一下情緒是如何產生的，影響情緒的關鍵因素是什麼，以及如何控制我們的情緒。

情緒是這樣產生的

為什麼在事情發生之後，我們總能理智的看清楚問題的本質，但在當下怎麼就不能反應過來，那麼盲目呢？

原來這是我們的情緒加工系統的關係。人腦中有一個部位叫杏仁核，它主管著情緒。

事實上它與所有強烈的情感有關。如果動物的杏仁核被切除，將不再感到恐懼或惱怒，並會喪失競爭與合作的動力，對自身在群體中的地位茫然無感。也就是說，其情緒不是喪失便是鈍化。

人類獨有的情緒表現——流淚，這也是由杏仁核與鄰近的扣帶回引發的。擁抱、撫摸等安慰動作可緩和這個部位，使哭泣停止。一旦少了杏仁核，也就無淚可流了。

情緒的衝動其實就是神經組織失控。研究發現，這種時候腦部邊緣系統發出緊急訊號，號召其他組織一起反應，而且這是在一瞬間發生的，做思考的新皮質根本來不及了解情勢，更別說權衡輕重了。

這種情緒行動的特色是：事後當事者根本不明白自己是怎麼回事。也就是說，管理思考的新皮質，往往來不及思考，原始的衝動就開始行動起來了。

杏仁核的威力

一個女孩開了兩個小時的車與男友約會。共進午餐時男友送給她一份她渴想好久的禮物——一件極難覓得的藝術品。她看了自是滿心喜悅，於是便興高采烈的提議飯後去看一部電影，沒想到男友竟說要去練球，沒空陪她。她在氣憤、傷心之下，含淚轉身離去，一時衝動將那珍貴的藝術品丟進垃圾桶。幾個月後回想起這件事，她並不後悔負氣而去，痛心的是那件藝術品。

這又是一時衝動、情緒失控的結果，這樣的情緒不得不又提到杏仁核。原來杏仁核在接收到外來的感覺訊息後，便會從過往的經驗中尋找任何不利的證據。

可以說杏仁核就像一個心理警察，不管來者是誰一律加以質問，只為了印證內心最原始的疑問：「這不正是我最討厭、最恐懼的嗎？」而只要讓它找到近似肯定的答案，杏仁核便立刻加以反制，點燃神經引信，通知腦部各區——危機來臨。

熟悉它，控制它

現在我們已經基本了解了，如果任憑杏仁核發號施令，而無法有意識的增進理性思考能力，那就容易淪為衝動情緒的奴隸，結果自然後悔莫及。那麼，該怎麼去辨識自己現在是否受到杏仁核的掌控呢？下面就是一些簡單的線索，可以看看有沒有自己的影子。

（一）憤怒

「我不管那麼多，豁出去了！」、「士可殺不可辱，羞辱我，門都沒有！」「竟敢惹我，非得給你點顏色瞧瞧！」、「你算什麼東西？！」、「我就是不爽！」

（二）焦慮、害怕

「完了，完了，這下我死定了！」、「我一定會失敗的，該怎麼辦？」、「這下丟臉丟大了，他肯定會把我貶得一文不值！」

看到這些是不是有點熟悉？其實，情緒確實也不簡單，常常不聽指揮、難以控制。然而，在了解了情緒產生的途徑之後，只要時常提醒自己，盡快發揮理性的影響力，就會發現自己將不再事事衝動，而是越來越能輕鬆的駕馭情緒了。

第六章　抱怨與憤怒的傷害

抱怨是一種最無益的情緒，這種情緒不但對解決問題沒有幫助，同時還會引來一種更可怕的情緒——憤怒，而憤怒的情緒常常又會帶來傷害。很多日常問題都是由抱怨引起的，在當前壓力重重的快節奏社會中，很容易讓人產生抱怨心理，而合理化解抱怨可以避免很多日常問題。

抱怨是心理健康的大敵

我們絕大多數人都有抱怨的經歷，它在你我的生活中其實隨處可見。股市失利，抱怨別人給錯消息；商店購物，抱怨售貨員只會奉承，讓自己買錯衣服；抱怨薪水沒有同事高……似乎我們整天都生活在抱怨的聲音裡，自己抱怨，同時也聽著別人的抱怨。

有這樣一個故事，在一次出國的飛行途中，我和一位投資商相鄰而坐。隨著我們交談的深入得知，他在投資一家規模很小的科技公司時，投入很多資金但收益卻甚少。

他告訴我，他被那家科技公司的老闆氣得都要吐血了，在整個飛行旅途中，他沒完沒了地抱怨著。我問投資商，那個科技公司令他心煩意亂多長時間了，「好幾個月了！」他憤憤地回答道。而事實上，坐在我身邊的這個男人，是一位擁有數百萬美元的富翁，在瑞士有一棟富麗堂皇的高級別墅，有一位賢淑而美麗的妻子，還有三個可愛的孩子。

這些足以令人羨慕的福分，他卻輕而易舉地忽略了，留在他腦海中的全是揮之不去的無盡煩惱。他的臉上寫的全是抱怨，據他所說他的心情總是不好。

當我們抱怨時，是很不開心並帶有憤怒情緒的，可以想像一下，如果我們每天都沉浸在這樣的環境中，心理健康必將受到威脅。那麼我們為什麼會抱怨呢，怎樣做才能化解抱怨呢？

抱怨帶來的不開心

心理學家曾經做過一個有趣的研究，邀請過去一年中遭遇過不如意事情的人參與調查。他們所經歷過的挫折包括失戀、離婚、失業、學業成績不理想、工作升遷受阻、健康出狀況等。這些參與者被要求回答「你對目前生活不滿意之處是什麼？」，同時也填寫了《生活幸福感量表》，以測出他們目前的開心指數。

研究結果發現，開心指數較高的人，在紙上列出的不滿意的事情寥寥無幾；而生活得很不開心的人面前的答案則是洋洋灑灑、不勝枚舉。

如果你認為寫不出不滿意的人是因為他們的挫敗較少的話那就大錯特錯了。因為他們都在過去一年中經歷過為數不少的挫折，所以不是沒事情可寫，只是他們沒抱怨的習慣！所以他們過得更快樂，更健康！話又說回來了，不要總是抱怨也是心理健康的一項標準。

為什麼要抱怨

習慣抱怨的人，幾乎都擁有同一個「白日夢」：認為自己應該一帆風順，不需要付出太多努力就能享受美好生活。所以，當他們發現現實並不如自己所願，或者曾經付出的努力並沒有收穫時，就開始變得怨天尤人，沒有自信。這時，抱怨就成了他們逃避殘酷現實、企圖找回自我價值的工具。

習慣抱怨的人，過度關注負面的事物和感受，不斷放大問題的嚴重性，強化自己的負面心態，把自己關入「悲慘」的牢籠無法逃脫。也就是說，如果你我的思緒總是圍繞著痛苦、孤單、倒楣……來展開，那麼，強大的「負面能量」就會把你我的命運引向不好的結果。試想一下，一個股民若整天保持著悲觀的心態來到股市，無論做什麼決定都認為自己會賠錢而畏畏縮縮，那麼，他注定不會在股市中獲利。

化解抱怨

偶爾的抱怨是可以接受的，但總是抱怨的話就會影響心理健康，讓生活變得不快樂，因此當我們再想抱怨時，不妨試試下面的方法。

（一）對自己的抱怨行為進行反思

有意識的記錄每天抱怨的次數，思考抱怨的事情真的如此嚴重嗎？關於這件事情還有沒有其他可能？如果你對這些問題有了清晰的答案，就能夠督促自己用更好的方法應對。

（二）處理負面情緒，討論解決方案

避免抱怨的方法還可以化抱怨為改變。研究發現，一旦有人開始抱怨，會引發更多人加入抱怨的行列；相反的，當有人提出解決方案時，其他人也會熱烈響應。因此，當遇到不理想的事情時，不妨先平復失望情緒，然後尋找可以提供建議的朋友、家人，一起探討更好的解決辦法。

抱怨與人際關係

當我們總是抱怨時，周圍的人會想一直聽我們說嗎？當我們周圍有人總是喜歡抱怨時，我們可以做到總是樂意傾聽嗎？

答案當然是否定的，當我們不喜歡傾聽的時候，自然也就和他們疏遠了，因為過於親近會影響我們的心情，那麼久而久之，人際關係就要亮紅燈了。

小劉是公司的年輕人，和大家相處得都很融洽，同事們也喜歡和她聊天。可是最近不知道怎麼了，小劉一見到誰就會說她的那些大學同學現在如何如何比她好，當時上學的時候還不如她成績好，自己這麼努力怎麼還是這個職位，邊說還邊嘆氣，越說還越難過。

沒過幾天，周圍的同事都發現了這個問題，所以有時候見到小劉都想躲開，不再像以前那麼愛和她說話了。小劉也發現周圍的人都不願意接近自己，有一天在家裡照鏡子換衣服時，突然想起那些過得比她好的同學，於是立刻變得不高興，這時正照鏡子的她驚訝地看著鏡子裡的自己，現在的自己怎麼這麼難看！這時老公說，你笑一下再看看鏡子，小劉覺得莫名其妙，但還是笑了一下，這下果然不一樣了。

其實，像小劉一樣的人並不少，可能我們就是其中的一員，或者身邊還有很多這樣的人。

這就是事實，讓我們失去了朋友，讓我們周圍缺少了關心與交流，所有這些都是抱怨引起的。面對這樣的情況，我們該怎麼辦？怎麼才能不抱怨？

抱怨趕走了朋友

為什麼那些能夠帶給他人快樂的人周圍總會有很多朋友，總能和大家和諧相處呢？那是因為任何人都希望快樂，也希望別人能夠帶給自己歡樂，沒有人天生嚮往鬱悶的生活。

常年抱怨的人，最後可能被周圍的人們疏遠，因為他們發現自己的能量被這個抱怨者榨乾了。你或許也認識一些人，他們會讓你覺得精力都被他們耗盡了，他們擁有抱怨的天性，把你原有的能量都轉換成憐憫。

相反地，有些面臨嚴苛處境的人卻總能保持樂觀，不讓自己感覺像是受害者。即使有些人身處困境也從來不覺得被拖垮了，反而可以用他們的樂觀與開朗鼓舞周圍的人。

其實，抱怨是一個過程。從「鮮少抱怨」到「經常抱怨」的不同程度等級中，人們通常會循著連續值行動。如果有一個人跳脫團體的常軌太遠，過不了多久，他們就會發現自己再也不受歡迎了。

就連夫妻關係中，抱怨也是要不得的。J．K．阿爾伯茲博士在《夫妻抱怨性互動分類》一文中說道：「消極的溝通（如抱怨）是影響夫妻關係的重要因素。」並進一步闡述道：「各種研究表明，消極的狀態和溝通方式，常會導致在關係中產生不滿。」

從我做起

你是否發現自己正身處在怨聲載道的人群裡？你周圍都是一些愛發牢騷的人嗎？那麼這時你一定要重視了，通常，我們都會去接近和自己相似的人，而避開和自己互異的人。經常與愛抱怨的人在一起不僅自己會不快樂，還會受到影響成為這樣的人。

抱怨就像一顆種子，如果不斷地給它澆水，它就會瘋長，而且不但會長在自己的身上，也會攀緣到周圍的人身上。最終，就會由一個人的抱怨變成兩個人的抱怨，以後還會成倍增加。要想制止它的成長首先必須從自己開始，若聽到別人抱怨的話，想一想自己可曾想過要說這些話。如果有，應該查問自己的想法是否正確，首先糾正自己。制止別人繼續抱怨可以將話題轉移到其他方面去。

微笑是有魔力的；溫和的言語是暖春；積極的態度是朝陽；誠懇的關心是雞湯。同一個問題可以有不同的表述方式，給人的感覺也會完全不一樣。為何要埋怨，為何要言辭犀利呢？

從自己做起，讓抱怨的氣氛不再擴大，共同構建歡樂和諧的環境，大家的關係自然也就融洽了。

是沉默還是爆發

見過這樣的人嗎？和他說話你必須小心，因為稍有不慎就會觸動他敏感的神經，使他發脾氣，甚至喊叫、罵人、臭臉。與此同時，還有另一種人，當我們在座的很多人都已經表現出不耐煩、不滿時，你本想從他那裡得到統一的觀點，可是他卻淡定的說：「有什麼好生氣的，一會兒就過去了。」看著他們的表情，你可能很難理解他的那份「從容」。

不同人處理憤怒的方式也不一樣，有些人「點火就著」，很容易被激怒，也有些人過分壓抑憤怒，即使生氣，表面也和沒事一樣。

是沉默還是爆發，這的確是個問題！

不得不說，我們每個人都是獨一無二並且與眾不同的，而不同的人自然就有不同的風格，有爆發型的人，也有沉默型的人，下面就為大家一一介紹。

爆發型

爆發型憤怒的人會說：「如果你再把髒襪子亂扔在地板上，我就搬出去住！」也許把他逼到爆發的邊緣並不容易，但當這一刻真的來臨時，便會使身邊人都想逃離。

為什麼容易暴怒？如果他從來沒有被教過如何處理憤怒，那麼他可能會習慣性地忍住怒氣，直到無法忍下更多的怒氣為止。漸漸地，「怒點」便會很低，一觸即發。有很多人是火爆脾氣，一遇到不順心的事，腎上腺素會突然上升，導致憤怒突然爆發，更不用說有更糟糕的事情惹他生氣了。

總是輕易地爆發不是什麼好事，很難有人在憤怒的同時還能保有同情心。因此，在暴怒時，你通常會說出很多讓自己事後後悔的話或是做出很多事後無法彌補的舉動。

隱忍型

隱忍型憤怒的人會說：「我很好，一切都很好，沒事。」即使他們的內心有一萬顆憤怒的火球，但他們仍然能夠展現一張笑臉，將真實情緒不露痕跡的隱藏。

為什麼要隱忍？這很可能和從小被反覆教育，無論發生什麼事情，都要忍住，要當一個淑女，不能輕易發脾氣有關。發怒只會讓你失去聲譽、朋友、工作甚至婚姻。如果你從小就生活在一個充滿辱罵和暴力的家庭，那麼你一定不相信憤怒是可以控制或者平靜表達出來的。

隱忍並不是一個好辦法。憤怒最基本的作用是預示著某事出了錯，並且推動我們找到解決方案，而你卻視而不見，這就是以自毀的方式來宣洩心中的怒氣，如吃得過多、過度消費等，而且你還會為他人的壞行為開綠燈，並拒絕給別人修正錯誤的機會。試想，如果對方都不知道你受了傷，又怎麼能向你道歉呢？

脾氣也有風格

爆發型和隱忍型是最為典型、常見的兩種類型，但如果再將爆發與隱忍的方式細分的話，還有以下這些類型。

（一）暴躁型

在忙碌當中遇到不順心的事時，會喊叫、咒罵，並對別人打手勢。

（二）惱怒型

一屁股坐到椅子上，不再出聲，也不再看任何人。

（三）破壞家庭型

將不滿都發洩在伴侶或親人身上。

（四）注意轉移型

不去理會引起不快的事物，而是看新聞或將收音機的音量開得很大。當有人問這是怎麼回事時，他會回答「我不知道」、「我忘記了」。

(五) 指責型

到處說別人的不是，很少為自己的錯誤承擔責任。

(六) 報復型

這種人相信，他有權利用任何手段報復他人。

如何改變

無論是哪種類型，爆發型或者隱忍型，都是不好的類型，那麼，如何改變這一點呢？

(一) 爆發型

等待怒氣消解：掌控自己的情緒。研究表明，憤怒所持續的時間不超過十二秒，如暴風雨一般，爆發時摧毀一切，但過後卻風平浪靜。因此，如何度過這關鍵的十二秒，讓怒氣自然消解是非常重要的。首先要深呼吸，或者在心中默數十，當你數完的時候，其實你已經沒有那麼生氣了。

換一種方法來表達自己的情緒，會有助於讓你感覺一切盡在自己的掌握之中。

(二) 隱忍型

挑戰自己的核心信仰，進行健康的對質。首先問你自己，「允許他人隨時早退是件好事嗎？對於家人來說，我每個週末都在陪客戶打高爾夫好嗎？」如果你夠誠實，你的答案一定是：當然不。了解對與錯是改正的第一步。

如果有人責備你，你可以用一種積極的、有建設性的語言進行反擊。對方可能會對你的語言感到吃驚，甚至有些生氣。但你知道嗎？他們會原諒和習慣你的方式。

批評者與聲援者

你的一位同事對你說：我已經做同樣的工作第四年了，煩死人了。每天做同樣的工作是很枯燥的，我能完美地完成現在的工作，但並不能滿足自己，我需要其他東西能再一次證明自己的能力。

聽到這些抱怨，你的回答會是：

（一）經過這四年的工作，你認為你已經掌握了現在這個職務的所有一切，並且能擔任更重要的職位了嗎？

（二）我能理解你，現在的工作對你來說是很枯燥，應該改變一下。

（三）那麼，你對於自己打算做什麼有明確的打算了嗎？

（四）這麼說，你是想換個職位？

（五）你想清楚了嗎，別覺得把工作做好了就是有能力，就想著換職位。

（六）你沒有耐心，我不認為你掌握了現在這個職務的所有一切，你再好好想想吧。

回想一下自己扮演著什麼角色？是一聽到抱怨就開始批評，提出否定意見？還是就順著別人的意思表示支持呢？如果這是你，你會怎樣回答呢？生活中還有很多時候，我們需要面對同事、朋友、同學的抱怨，處理好他們的抱怨，就會對他們有幫助；而要是處理不好，只會讓事情越來越糟。因此，我們在此時扮演的角色，說的話都很重要。

批評會帶給我們快感，所以我們總愛批評，可是你考慮過對方的感受嗎？支持他人會贏得對自己的認同，但你是真心的嗎？到底我們該怎麼做才是有效的建議呢？我們需要傾聽與分析。

批評得很痛快

如果在你不經思考的回答是（五）或者（六），那麼你是不夠理智的。這個時候你有沒有覺得比較有快感呢？在認為他人做得不對，批評他人的時候，自己總是能找到很多理由，並且還說得頭頭是道，越說還會越顯得自己很精明，還會有種指導他人的感覺。可是有沒有想過這種批評方式合適嗎？在這樣的條件下，你的說話語氣、表達方式別人能夠接受嗎？不要只顧自己的想法，而忽略了他人的感受。

像這樣不分析清楚情況就一頓批評的話沒有人會喜歡聽。當然了，我們不是不允許批評，可你的批評是真誠的嗎，是有根據的嗎？我們自己都不喜歡聽別人的批評，難道別人會喜歡被批評嗎？因此，這樣的批評要不得，講究批評的方法很重要。

無根據的聲援

如果一聽到別人的抱怨就馬上給予支持，表示和他站在同一立場上，那麼你也是不夠理智和清醒的。這樣的話，你就是在試圖將發生的問題沖淡，只是給予對方安慰和支持，即使對方在當時感受到了。

在他需要的時候得到了安慰和照顧，但是事後呢？該解決的問題解決了嗎？沒有，這樣的聲援只是在當時造成一種安慰效果，而對事情本身沒有造成任何作用。當有人找我們訴說時，我們總是希望能夠幫助對方，而不是只充當安撫的角色。因此，這樣的聲援也要不得。

傾聽與分析

那麼，我們到底應該採取什麼樣的方式來面對他人的抱怨更好地解決問題呢？

首先需要做的就是認真傾聽：把所有個人見解放在一邊；聚精會神，不要走神；不加篩選地收集所有的觀點。注意一些非言語的示意動作，如沉默、手勢模仿、表示贊同、反對、思考、懷疑、有興趣或厭倦，以及身體疲乏等的形體姿勢或動作。

接下來，就可以給予積極、客觀的建議：任何事情都具有兩面性，不能只看到消極的一面，引導他看到積極的一面；從具體問題著手，客觀地分析情況，不要只盯住自己不滿意的方面；告訴對方應該做什麼決定，提供他建議解決方案，給予他啟發，如果他同意你的觀點，事情就會很快得到處理。

在給他建議時，還要注意自己的說話語氣及表達方式，同時要表現出真誠，這樣就會讓對方更容易接受。

我們要做那個能夠幫助對方的人，而不是只會單純地批評或者支持，因為那樣不能解決任何問題。

抱怨導致憤怒

抱怨並不是一件好事，它會導致憤怒，然後憤怒又會導致新的抱怨，周而復始地影響你，也就形成惡性循環。

有一個年輕的農夫，划著小船去另外一個村子辦事。天氣酷熱難耐，他心急如焚的划著小船，希望能趕緊到達，以便在天黑之前能返回家中。

突然，農夫發現前面有另外一艘小船沿河而下，迎面向自己快速駛來。眼見著兩艘船就要撞上了，但那艘船絲毫沒有避讓的意思，似乎是有意要撞翻農夫的小船。「讓開，快點讓開！你這個白痴！」農夫大聲的向對面的船吼叫。「再不讓開你就要撞上我了！」但農夫的吼叫完全沒用，儘管農夫手忙腳亂的企圖避開，但為時已晚，那艘船還是重重地撞上了他。

農夫被激怒了，他厲聲斥責道：「你會不會划船啊！」當農夫怒目審視對方小船時，他吃驚的發現，小船上空無一人，原來那只是一艘掙脫了繩索、順河漂流的空船。

看到了嗎？面對一隻空船都能爆發出巨大的憤怒，看來抱怨的力量真是很強大呀。但是，即使你再怎麼責難、怒吼，它也絕不會因為你的斥責而改變它的航向，最終只會剩下一個憤怒的自己。

一群老同學去拜會老師，起初大家相談甚歡，逐漸話題便轉向了抱怨，還越說越生氣。這時，老師取出了許多不同樣式、不同形狀的杯子，讓同學們自己取杯子倒水喝，最後托盤上只剩下一些醜陋的杯子。

這時老師說：「所有美麗的杯子都被拿走了，剩下的只有這些你們看不上眼的。我想問：你們選杯子的目的是什麼？」學生們都說：「喝水。」老師又問：「既然是喝水，為什麼在意盛水的器皿呢，隨手拿一個不就可以了嗎？為什麼還要刻意選好的呢？」學生們啞口無言。

這時老師說道：「主副不分又什麼都想一手抓的心態，正是造成壓力的主因，你們喝的是水，執意要選美的杯子，甚至在選不上好的杯子時還心生怨意。」

這就和生活一樣，生活就是水，而身外之物僅是盛水的杯子罷了。如果我們把所有的注意力放在杯子上便失去了重點，同時還會惹得我們抱怨和憤怒。

我們應該知道什麼才是我們真正想要的，找到真正的原因，減少抱怨與憤怒，認真、快樂地生活。

抱怨憤怒的循環

從心理學的角度分析，喜歡抱怨是一種不良的情緒，而這種情緒主要來自兩個方面：一是憤怒前後的情緒反應，二是由「不足感」而造成的心理不平衡。

當我們抱怨時，必然是對某個人、某件事不滿意的時候。這時腦子裡能想到的全是我們認為對自己不利的、消極負面的東西，並且會越想越生氣，越來越憤怒。而往往在一怒之下，總會做出錯事，做完錯事回過頭來又會抱怨自己，如此來回進行。

這樣的憤怒情緒、抱怨行為日復一日的被重複，也就形成了慣性。一旦慣性形成，他們對問題的看法就會向消極的方向進行，解決問題的動力就會變異成阻力，遇到事情就會更加容易憤怒，如此形成惡性循環，最終什麼問題也不能解決。

原因各異

在一個有五千多人參與的調查中，關於「為何要抱怨」，有百分之七十四點七的人表示為了發洩內心的苦悶；有百分之三十六點二的人則希望傾聽自己抱怨的人能夠幫助自己解決問題；有百分之二十三點九的人表示自己已經習慣了抱怨，還有百分之二十一點一的人抱怨的目的是給自己找個逃避的藉口。

看來你我抱怨的理由，大多是希望透過抱怨來發洩情緒，或是解決困擾著我們的問題。但是，是否真能如願呢？

調查中有一個非常有意思的現象就可以解釋：在所有受訪者中，有百分之四十五點三的人表示：當有人向自己抱怨時，自己會想向對方抱怨更多的事情。也就是說，原本想要發洩糟糕的情緒，結果卻接收到別人更多的消極感受；希望對方能夠幫忙解決問題，最後卻增添了更多困擾，真是得不償失。

所以我們還是少抱怨一些，或者切斷抱怨的根源，那麼也就會少一次憤怒的機會。

憤怒的解決管道

憤怒可不是一件好事，憤怒與健康密切相關，這正是所謂一怒一老，一笑一少。如果無法控制憤怒，健康將離我們越來越遠。

從前有個教堂的神父，自小就是神職人員，他在臨退休前的幾個月把錢都借給了一名信徒。這個信徒連續好幾十年都堅持來這個教堂，不僅信念堅定而且熱衷教堂的活動。因此，神父也毫無疑心的把一生的積蓄都借給了他。但是，萬萬沒有想到的是，那名信徒在借完錢的當天就消失了。最終，神父難忍憤怒與悲傷，不久後便因鬱鬱寡歡而病逝。

生活中，憤怒無處不在：夫妻間吵架、員工對老闆的抱怨、孩子頂撞父母，甚

第六章　抱怨與憤怒的傷害

至下班路上的塞車也能讓我們坐在車裡一邊狂按喇叭一邊破口大罵……

到底是什麼讓我們憤怒，我們為什麼會憤怒？憤怒帶給我們更多的是傷害，所以愛自己就要少憤怒。

下面將為大家解析憤怒的原因，以及一些減少憤怒、控制情緒的好方法。

為什麼憤怒

班傑明．富蘭克林曾經說過：「憤怒絕對不缺理由，但鮮少有好理由。」的確，憤怒是需要條件的，它並不是無中生有的結果。比如，你和朋友約好了見面，結果朋友卻遲到了，遇到這種情況，你會不會生氣？那是肯定的。因為當現實與你認為「應該如何」的觀念不一致時就會產生憤怒，而此時的你是完全站在自己的角度考慮問題的，所以必然就會憤怒。

一位心理學家透過研究奧運運動員的心理發現，憤怒和好鬥實際上是與失敗情緒相連繫的，發脾氣並不能宣洩情緒；相反，只能讓人更惱怒。

這麼說來，憤怒是一種正常的生理反應，本身並不邪惡，而真正危險的是那些由憤怒轉化成的行動。

愛自己，少憤怒

健康的憤怒是一種機制，一定要保證不讓自己受到傷害，也不要傷害別人。憤怒是心理正常的反應，只要處理得當。

憤怒時，首先要承認自己生氣了。告訴自己：「這件事讓我很生氣，現在我該怎麼辦？」並在告訴自己的同時也告訴對方。這樣做，會為你贏得處理憤怒情緒的機會。與此同時，還要克制自己，不要馬上說什麼或做什麼。克制衝動並不意味著累積憤怒，只是要你在感到憤怒的時候先冷靜一下。

接下來，你需要找出憤怒的原因是什麼，憤怒從何而來，那個惹你生氣的人到底做錯了什麼事，問題究竟有多嚴重。把事情清楚的擺出來，請對方注意並和你一起努力，找到解決問題的方法。

平心靜氣

美國心理學家歐廉．尤里斯教授提出了能使人平心靜氣的三個法則：「首先降低聲音，繼而放慢語速，最後胸部向前挺直。」降低聲音是因為聲音對自身的感情將產生催化作用，從而使已經衝動起來的表現更為強烈，最終造成不應有的後果；放慢語速是因為個人感情一旦摻入，語速就會變快，說話聲音也隨之變高，容易引起衝動；胸部向前挺直是因為情緒激動、語調激烈的人通常都是胸部前傾，一旦胸部挺直，就會淡化衝動、緊張的氣氛。

閉口傾聽

英國著名的政治家、歷史學家帕金森和英國知名的管理學家魯斯托姆吉在合著的《知人善任》一書中談道：「如果發生了爭吵，切記免開尊口。先傾聽，讓別人把話說完。」

轉移自己的注意力

轉移自己的注意力是為了避免聽到對方激烈的言辭，防止自己被進一步「激化」。心理學知識告訴我們：人在憤怒時，往往在大腦皮層中出現強烈的興奮點，以致造成一時間的「意識狹窄」現象，而且這種有害的興奮會進一步擴散升級，甚至造成激烈衝突。轉移注意力的作用是理智的轉移興奮點，主動降溫，防止衝突的惡化。

交換角色

卡內基．梅隆大學的商學教授羅伯特．凱利，在加利福尼亞州某電腦公司遇到一位程式設計師和他的上司就某軟體的價值問題發生爭執時，便讓他們互相站在對方的立場來爭辯，結果五分鐘後，雙方便認清了彼此的表現有多麼可笑，最終大家都笑了起來，並很快找出了解決辦法。

理性控制

當衝突發生時，在內心估計一個後果，想一下自己的責任，將自己昇華為一個有理智、有豁達氣度的人，就一定能控制住自己，緩解緊張的氣氛。「忍得一時氣，免得百日憂」，合理的讓步不僅對事情大有益處，還會贏得別人的愛戴。

沒有抱怨和憤怒的世界

哲人說，天下只有三種事：我的事、他的事、老天的事。抱怨自己的人，應該學著接納自己；抱怨他人的人，應該試著化抱怨為請求；抱怨老天的人，請用祈禱來訴求你的願望。這樣的話，你的生活將會發生意想不到的大轉變，你的人生也將會更加幸福、美滿。

沒有了抱怨，也就沒有了憤怒，也就不會爆發那麼多的爭吵與戰爭，環繞我們的將是寧靜的生活和純淨的心靈。

獲得一九一二年諾貝爾化學獎的格林尼亞也是從某個女人的指責中獲得了成功的契機。他出生於一個富裕的家庭，年少時遊手好閒。在一次宴會中，他邀請一位小姐跳舞，但遭到了對方的鄙視。一開始，他非常生氣，但等到他冷靜地回顧人生後，就留下了一封信給父母，表達了自己要努力學習，完成一番事業的決心。後來他果真遵守了諾言，最終獲得成功。

就像這位諾貝爾獎獲得者一樣，將憤怒化為動力。每當我們感到憤怒時，就去運動、閱讀、增進實力、累積財富等，那麼這些憤怒情緒就會帶來超出期待的效果。

抱怨多半只是一堆「聽覺汙染」，會危害我們的幸福健康。當我們抱怨健康問題時，其實是在向自己的身體傳達負面說辭。它們會在身體留下印記，引發更多的健康問題。凡是我們渴望的東西，都要靠自己的雙手獲得，朝著夢想義無反顧地前進吧！

聽過不抱怨運動嗎？運動的發起就是為了減少抱怨，這個方法也很有效，可以有效的控制抱怨。其實抱怨是選擇，所以也可以自己控制。如果大家都減少抱怨了，那麼我們就會有更多的精力投入到工作與生活。

不抱怨運動

美國知名牧師威爾．鮑溫，自二〇〇六年發起不抱怨運動，邀請每位參加者戴上一個特製的紫色手環，一旦發現自己抱怨了，就將手環換到另一隻手上，直到這個手環能在同一隻手上停留二十一天為止。因為人需要二十一天才能將新的行為培養成習慣。那我們也借鑑一下這位牧師的方法吧。

（一）將手環戴到一隻手腕上。

（二）當發現自己正在抱怨、講閒話或批評時，就把手環移到另一隻手上，重新開始，不管堅持幾天，一旦開始抱怨都要從頭開始算，說出口才算，在心裡不算。

（三）如果聽到其他戴紫手環的人在抱怨，你可以指出他們應該移到另一隻手上，但如果這樣做，你自己先要移動手環，因為你在抱怨他們的抱怨。

（四）堅持下去，可能要花幾個月的時間你才能達到連續二十一天不換手、不抱怨的目標，但這的確是一種有效、能確實自我監督的方法。

在他的書中提到，他大約寄出了十二萬五千個手環，如果這十二萬五千個手環乘上每天二十次抱怨，再乘每月三十天，再乘七個月，那就是……呃，簡直是多得不得了，有那麼多抱怨就會不見了。

的確，沒有了抱怨，我們的生活就會更加輕鬆。其實，紫手環就是為了自我監督用的工具，如果我們可以找到其他方便使用的物品代替，堅持做也會有同樣的效果。

憤怒是自己的選擇

憤怒是一種選擇，並且是自己的選擇。有這麼一個人，他每天笑容滿面，顯得非常快樂。曾經有人問他：「我從沒見過像你這麼樂觀的人，你有什麼祕訣嗎？」這個人回答：「每天早上起床，我會對自己說『今天可以做個選擇，一是愉快的心情，二是惡劣的心情』。」

「然後我每次都會選擇愉快，遇到不如意的事情時，我就會想，我是要成為受害者呢？還是要從這件事中學到什麼？而我的選擇總是從中學到新知識。此外，每當有人吐露不滿時，我會想只是聽著別人抱怨還是告訴他事情好的一面呢？而我都會選擇後者。」

負面情緒是客觀存在的

我們都需要努力，努力讓自己遠離抱怨與憤怒。然而，身為正常人的我們不可能毫無情緒。也就是說，有情緒是正常的，關鍵在於如何處理和調節，而不是任由它們為所欲為。當它們出現的時候，我們有對策、方法，而不是驚慌失措，不知道該怎麼辦。

第七章　自卑與恐懼是成功的大敵

很多人其實都已經無限接近成功了，但是他們最終卻無法成功，這是因為他們害怕再堅持下去依然失敗；而還有另外一些人，他們根本就不敢跨出走向成功的第一步，這是因為他們自卑。恐懼和自卑其實都是成功的大敵。

自卑多數都是盲目的

很多時候自卑都是來自於當事人的錯誤思想，並沒有事實的依據，它們更多的來自於無謂的對比。

小珍是一名高中生，在老師、同學的眼裡是一位成績優秀、品行良好的好學生。她經常受到很多人的誇獎和表揚。然而，從小珍的言談舉止中不難發現，她有點自卑，雖然成績很好，卻總是覺得自己還不是第一名，覺得自己不聰明，從而導致和同學們的交流越來越少。

在其他人看來，小珍已經足夠優秀了，怎麼還會自卑呢？究其原因，原來是小珍總愛和班裡成績前幾名的學生比較，自己沒拿到第一名就認為是不聰明。

為什麼在他人看來已經很優秀的小珍自己卻很自卑呢？當我們看到原因，是不是也覺得這根本沒有必要呢？的確，有很多人自卑，而且各自自卑的理由又不盡相同，但確實有不少人的自卑是很盲目的。

就像小珍，沒考第一名就應該自卑嗎？第一名只會有一個人得到，那麼多人都不是第一名，都會自卑嗎？我們到底應該和誰比？和第一比？還是和自己比？其實我們更應該學會認可自己，我們都是與眾不同的。

別和第一名比

其實不難發現，很多自卑的人，就像小珍一樣，喜歡和他人比較，並且又習慣於與現實中最優秀的人進行比較，從而更覺得自己的能力每況愈下。他們總是希望自己能得第一、無所不能，希望自己做什麼都比別人厲害。習慣苛求自己，不允許在某些方面不如人。對於他們來說，最終的成績、結果太重要了，而忽視了另一些重要價值，如自己的進步。第一名就是他們永遠的目標。

這些人在自己認定的價值上十分執著，一旦沒有達到目標就會非常失望。如果在自己認為重要的方面不如人，就覺得自己一無是處。他們沒有認真想過人各有所長，也各有所短。除了考試成績，我們還有其他表現的方面。因此，根本不必覺得低人一等、自嘆不如。這樣的人往往會忽視每個人的差異性與特殊性。

和自己比

盲目自卑的人總愛和最好的比較，總是忽略自己的進步，一味地苛求於自己，很少或不屑於進行今天與昨天的縱向比較，也不會因為進步而歡欣鼓舞，只要沒得到第一名就是不好的，固執於與別人的橫向比較，自暴自棄。

因此，這一類人一定要換個方式來比較，學會和過去的自己比，看到自己的進步和成長。也可以透過發現特殊才能讓自己在其他領域感受到成功。

這樣也就會看到，原來除了成績以外還有更多東西都是值得自己關注並為之努力的，而且一樣可以取得成功。所以，學會做一個全面關注自己的人，而不是只盯著別人的那一點成績耿耿於懷。

只有特點，沒有缺點

美國著名成人教育學專家卡內基說：「世界上沒有一點都不膽怯、害羞和臉紅的人，包括我自己。人人都有這種反應，只是程度不同、持續的時間長短不同而已。」他發現，世界上根本就不存在生來就膽怯、害羞、臉紅的人。這些反應都是人在後天的成長過程中因某種經歷誘發生成的。既然是後天的，那麼就是能克服的。

其實，盲目自卑的人就是太在意別人對自己怎麼看，認為只有做到最好才能得到認可，對自己缺少應有的自信，對已取得的成績不認可，從而逐漸變得自卑，看不起自己。然而，這樣只會讓自己更累，分散自己的精力。

只有正確認識自己，才能全面地看待他人和自己，才會感覺自己沒那麼差，有時他人的看法或想法往往存在片面性，引起自己不必要的自卑感。你只要將做不好的事反覆多做幾次，就會慢慢熟悉，事情就能完成得很好，多給自己鼓勵，相信自己有這個能力。

請記住，每個人只有特點，沒有缺點。我們有比他人弱的地方，自然也會有比他人強的地方。

要學會自我評價和判斷

有這樣一個故事：一頭小毛驢和一隻猴子共同生活在主人家裡。一天小猴子玩得高興，就爬到了主人家的房頂，上蹦下跳的，主人見了便不停地誇小猴子靈巧。為了得到主人的誇獎，小毛驢也用盡全力爬上了房頂，但是卻把主人房頂上的瓦都給踩壞了。主人見狀便大聲把牠趕下來，還打了牠一頓。小毛驢感到很委屈：為什麼小猴子能上房，而且還能得到誇獎，而我卻不能呢？

小毛驢的問題出在哪裡呢？其實很簡單，就是沒有正確地認識自己。認識自己就要認識自己的心理、能力、個性、興趣等。這樣才能真正有所成長。尤其在看待自己的缺點時，不要一味地盯著自己的不足，因為我們還有很多優點不是嗎？

其實每個人都是優缺點並存的，看到自己的長處，就可以擺脫自卑。

重複的威力

有一個「三人成虎」的故事：魏國大夫龐恭和魏國太子即將一起作為人質被送往趙國。臨行前，龐恭對魏王說：「如果有一個人對您說，他看見鬧市熙熙攘攘的人群中有一隻老虎，您相信嗎？」魏王說：「不信。」龐恭又說：「如果是兩個人對您說這樣的話呢？」魏王說：「也不信。」龐恭又說：「如果先後有三個人都說他們親眼看見了鬧市中的老虎，您是否依然不相信呢？」魏王笑著說：「既然這麼多人都說看見了老虎，那就肯定是有這種事了，所以我不能不信。」

這就是心理學中的重複定律，它是指任何思想和行為，只要你不斷地重複就會得到不斷的加強。在你的潛意識當中，只要你能夠不斷地重複一些人、事、物，它們都會在潛意識裡變成事實。

第七章　自卑與恐懼是成功的大敵

對於自卑的人來說，一定要對自己有一個正確、清楚的認知。不能總是聽別人是怎麼議論自己的，聽得多了，也就堅信自己是這樣的人了。在自我評價和判斷時，切記不能把別人說的話作為自己判斷的依據。應該想一想這些話是否有根據？

把錯誤的事不斷重複會導致認知的錯誤。同理，既然我們想要改變，那就要開始把正確的事不斷加強。比如告訴自己：我是有能力的，我能夠完成的，我不比別人差……重複得多了，這也就成為真的了。

自卑也是一種習慣

自卑的人常常情不自禁地過分誇大自己的缺陷，甚至毫無根據地臆造出許多弱點，還總愛拿自己的缺點跟別人的優點比較，無法冷靜地分析自己所受的挫折，不能正確地看待自己的過失，無法認真地思考別人對自己的期望，也不能客觀地理解別人對自己的評價，以致把自己看得一無是處，從而失去自信心，對那些稍加努力就能夠完成的任務也輕易放棄。

自我評價偏低、自愧無能而喪失自信，並伴有自怨自艾、悲觀失望等情緒體驗的消極心理傾向。自卑的人日復一日的陷於這樣的想法之中，並逐漸失去真實的自我，漸漸地這樣的想法就成了一種習慣，總會在第一時間冒出來。要想改變，最應該做的就是客觀、理智地進行自我評價。

優缺點各半

每個人都有自己的優點和缺點，要學會對自己作公正的、全面的評價，即不沾沾自喜，不顧影自憐，不要死盯著自己的缺點，背上一個沉重的包袱，要善於挖掘和發展自己的優勢，以補償自己的不足。

找出一張紙，列出自己的缺點與不足；然後再列出同樣多的優點和強項。然後問自己：難道我沒有優點嗎？看著列出來的這些優點就會說服自己。

在自我評價時，不要用一成不變的看法來描述自己。同樣找出一張紙，寫下在過去做過的成功的事情和做得不好的事情，再寫出來自己和當時相比的進步。看到這些後，再做自我評價，不要再忽略自己的進步與收穫了。

凡事都有兩面性，對自己的評價也同樣如此。

告別擾人的「應該」

應該，到底什麼是應該的？什麼是不應該的？自己認為應該的事情就真的應該嗎？下面就為大家揭開這些所謂的「應該」的真實面目。看清楚了它的真實面目，就要學會拋開這些「應該」，認清真實情況。

有一個教師，在學校的表現不錯，學生的成績也很好，但是他卻很自卑，不願與同事多交流，一遇到同事就會手發抖。而當他面對家人、朋友時卻很正常。與一些小孩子一起玩，玩得也挺開心的。這是為什麼？

原來，他總是想著要勝過同事，或者至少也不能在同事面前丟臉，認為自己就應該比別人優秀。如果自己有什麼能力竟然比不過對方而且被披露出來，就會覺得很難堪，覺得這是不應該的。

就是這樣的想法讓他陷於苦惱之中，令他感到尷尬，覺得不適，進而心理失去平衡，無法面對同事。而與家人、朋友的關係相對自由、放鬆，沒有壓力，無須進行比較，所以也就能自如地交往；至於那些小孩子更不在話下，因為他們還不懂事，他們也不會發現自己有何拙劣表現，故而可以玩得不亦樂乎。

真的應該嗎

一次和同事聊天，我有點氣憤：「這次升遷的應該是我，可最終卻是別人，根本不應該是這樣的」。聽了我的話，同事反問：「誰的應該？是你的應該還是別人的應該？」一句話點醒夢中人。沒錯，在我心裡想應該是我們，而別人會覺得應該是他們，那麼到底應該按誰的應該來呢？

看看我們的想法吧：我應該比別人優秀，別人應該重視我才對，他們應該尊重我說的話，我應該升遷才對，他不應該遲到……這麼多的「應該」！可是我們心裡有「應該」，別人心裡就沒有嗎？哪個才是標準？按照誰的「應該」才是對的？答案當然都不是，沒有什麼是應該、一定怎樣的，「應該」只是一個期望。

我們所想的「應該」，完全是為自己設定的理想預期，希望事情能按照期望的一樣進行。事情一旦沒有按照我們預想的進行時，我們便會失望，開始想是不是自己有問題，自己做得是不是不夠好，等等。久而久之，就會把自己看低，認為一切結果都是自己導致的。

我們說應該怎樣的時候，倒不如說希望怎樣！我們應該明白，沒有什麼事情是一定非要按照我們的想法進行的，沒有這樣的道理。

各種各樣的「應該」

每一個人的成長經歷都不一樣，生活背景也不一樣。這麼多不一樣的經歷也就讓我們每個人形成了不同的觀點、態度和信念。那麼，對同一件事的理解也就存在差異。也就是說，每個人的想法都是獨有的，這樣我們才會看到五彩繽紛的世界。

當我們認為一件事應該怎樣的時候，只是根據自己的經驗做出的判斷，而別人的經歷和你不一樣，怎麼能夠和你做出一致的判斷呢？接下來，就會出現各種各樣的「應該」。

當我們不能客觀地意識到這個問題的時候，我們就混亂了，沒有按照我們的應該進行的都是不對的。於是我們憤怒、自卑、抱怨自己……

拋棄「應該」

客觀的衡量一下自己，自己有什麼優勢，還有哪些不足。當認為自己應該比別人優秀的時候，掂量一下自身的不足，想想別人的優勢。當認為這件事應該是自己認為的結果時，想想還有沒有其他的可能，擺出所有根據，換個角度重新分析一下整件事情，若是別人的話他們會怎麼考慮這件事。

當腦子裡再次浮現「應該」的時候，問問自己應該按照誰的「應該」？除了我認為的「應該」，別人的「應該」會是什麼？這樣，估計你就能夠列出很多「應該」，有你的也有別人的。因此，不是只有按照自己的「應該」才是對的。當結果和我們的「應該」不一致時，我們也就沒有那麼難受和自責了，事情本來就具有多樣性。

換個思考方式認識錯誤

每件事情總是具有多面性的，從單一的角度去看只會進入死巷。換個角度看，事情也會變得不那麼困難，世界也就變得多彩起來。

古時候，有一位擅長推測吉凶掌握術數的人。一次，他的馬跑到了胡人的住地。人們都覺得這不是好事，都來安慰他。他卻說：「這怎麼就不是一件好事呢？」

過了幾個月，那匹馬帶著胡人的良馬回來了。

人們都前來祝賀他。他又說：「這怎麼就不能是一件壞事呢？」這個人的家中有很多好馬，他的兒子非常愛好騎馬，結果從馬上掉下來摔斷了大腿。人們都前來慰問他。他又說：「這怎麼就不是一件好事呢？」

過了一年，胡人大舉入侵邊塞，壯年男子都拿起弓箭去作戰。靠近長城一帶的人大部分都死了，唯獨他的兒子因為腿瘸的緣故而免於征戰，父子倆才得以保全性命。

「塞翁失馬，焉知非福」，這是一個蘊含著深刻道理的故事。其實，那個老者並非有什麼特別的能力，只是正確地分析了事物的現象和發展過程，既看到了事情壞的一面，也看到了事情好的一面。如果他與周圍人一樣，只從一個角度考慮問題，也就只會讓自己更加痛苦。

事情的多面性

對待已經發生的錯誤也是一樣，要換個角度來思考。從中看到存在的問題，也要看到自己的收穫，雖然錯了，但我們不是什麼都沒有學到。這次的錯誤可以為我們累積經驗，避免以後再犯同樣的錯誤。

就好比一個不規則的多面體，從每一個面看都有不同的形態。同樣，一個事物從不同的角度來看，也會得出不同的結論。那麼，對於錯誤也應該如此。哲學上講的看事物要一分為二，說的就是這個道理。但有時你只看到了其中的一面，便下了結論，結果往往會一錯再錯。因此，當我們以自己固有的想法作出結論後，再換一個角度思考一下這個問題，或許你會有別樣的收穫。

換個角度更精彩

兩個旅人去沙漠旅行，由於經驗不足，他們帶的水並不充足就出發了。還不到一半的旅途時，兩個人就渴得要命，於是取出唯一的水壺，搖一搖。其中一個旅人說：「哎呀，太糟糕了，我們只剩半壺水了！」而另一個旅人卻高興地說：「是嗎？真幸運，我們還有半壺水，下次一定要多帶點！」

其實，人生中的好多事就像那半壺水一樣，換個角度，就會有不同的心情，不同的答案。這時你覺得帶的水少了是自己的失誤，現在你再怎麼抱怨、自責也沒有用了，不如像另一個人一樣換個角度看到這半壺水，並告誡自己下次再出來就知道要多帶些水，不是很好嗎？為什麼非要就一個已經錯了的事糾纏下去，這樣毫無意義。

世界的多樣性

現在的網路已經十分普及，當你看到一則新聞時上網一搜，就會有五花八門的評論觀點，各有見地。看到這些評論，你一定要說出誰對誰錯嗎？一定要分出伯仲嗎？不需要，即使你認為是錯誤的，有可能在別人眼裡反而是正確的。

因此，當我們評判一件事時，不要那麼草率地就下定論，任何事情都是相對的，並不是非此即彼的關係。即使真要得出什麼結論的話，你也要從各個角度考慮清楚以後才能去做判斷。

背面也精彩

可能在做一件事的時候，從一開始你就為自己設定了方向，然後一直走下去。殊不知，換一個思路也許會更簡單，就像拼圖一樣，正面很難的時候，也許從背面下手的路也可以走得通，而且還更快、更有效。當我們犯了錯誤也一樣，可能也會順著錯誤繼續錯下去，為什麼不想想錯誤的背面也許就是指引我們走向正確的路呢？

當自卑發展為恐懼

當經常自卑形成一種習慣之後，就會對事情產生恐懼，這種恐懼心理又會讓自卑的心態加劇。

曾經有一個人，一開始對自己沒自信，認為別人都比自己優秀，逐漸覺得自己處處不如人，十分自卑。再後來，由於極度的自卑他不敢走近任何人，也怕任何人走近他，以至於後來不願意出家門。一旦和陌生人說話心裡就會「咯噔」一下，並且心跳加快，一股熱血直往臉上衝，自己難堪不說，還讓別人莫名其妙。

其實，這就是由自卑導致的恐懼。最初只是覺得自己不夠好、不自信，隨著時間的累積，對自己的負面評價一再強化，認為所有人都是這麼看待自己的，到最後已經害怕、拒絕和陌生人說話，並伴有明顯的生理反應，很難控制。

那麼自卑與恐懼是怎麼產生的，是誰的原因？我們到底因為什麼而恐懼，以下給出原因並列出了一些方法來幫助我們對抗恐懼。

自卑與恐懼

恐懼是自卑的孿生兄弟，當人感到自卑時，並且這種自卑的感覺持續的話，必然會感受到恐懼，在恐懼的同時也會感受到自卑，兩者相互依存。許多人的自卑都是從看不起自己、不相信自己開始的。

當機遇來臨時，自信的人會覺得「捨我其誰」、「當仁不讓」；而自卑的人卻首先疑慮「我能行嗎？」、「我恐怕不行」。可想而知，一直這樣想，時間久了，只會加重自卑，隨之而來的情緒低落、畏首畏尾、遇到困難就退縮等將會一直糾纏著自卑的人，這樣發展下去就是恐懼，恐懼和人說話，恐懼講出自己的觀點，恐懼面對陌生人……

自卑是源頭

自卑來自於人的思想，心裡的恐懼也來自於思想。放開思想，接受現實，才有可能克服自卑。

自信建立在勇氣之上，讓自己勇敢一些。勇於面對困難和挫折，敢於接受缺陷和命運，要看得開放得下，無須謹小慎微、多愁苦悶、猜疑畏縮，錯了就錯了，錯了還可以重來，沒什麼大不了的。平日裡，可以建立起自己堅強的支持團隊，得到家人、朋友的支持。交一些同甘苦共患難的朋友、知己，與家人敞開心扉，這樣就會有很強大的精神支持，而不再是自己孤單一人。

對自己抱有希望，對自己寬容，就會使事情看起來不那麼難做到。對任何困難表現出自信十足，仰頭挺胸。想一想別人也曾面對沮喪和困難，並且都克服了它們，別人既然能當然你也能。

對抗恐懼

對於自卑和恐懼，只有採取積極、正確的態度才能克服。對於恐懼，下面的一些方法可以幫助我們緩解。

（一）放輕鬆

恐懼就是一種焦慮，當面對恐懼時，不要去迴避，而是勇於面對恐懼，剖開核心時，你會發現根本沒有你想像的那麼嚴重。因此經常保持輕鬆的狀態，有助於克服恐懼。

(二) 把那些讓你恐懼、害怕的事情寫下來

安靜地想一想，如果真的發生了你會如何？勇於把事情繼續往下想、往下做，不要因為害怕而停滯不前。認真地檢視一下，讓自己有最好的考慮，也有最壞的打算。

(三) 要有堅定的信念

一旦有了信念的支持，一切事情都不足為懼。信念會在我們的內心產生一股力量，甚至突破我們困惑已久的障礙。

(四) 用付出代替恐懼

我們害怕是因為怕做不好，那麼就在行動上多付出努力，一遍不行就多練幾遍，直到能夠做好為止，在付出的過程中也會獲得自信。當我們準備好了，著手去做的時候，懼怕和焦慮將自然消失，如同撥雲見日。

（五）轉移目標

與其努力對付心中的懼怕，還不如用其他事情來轉移注意力，如聽音樂、散步、默想、閱讀等，全神貫注在光明的事情上面，黑暗自然就會消失無蹤。

走出艱難的第一步

戰勝自卑，不能只是嘴上說說，必須付諸實踐，進行必要的心理調適和訓練，以實際行動改變自己。

媽媽帶兒子去動物園看大象。見大象被拴在矮矮的木樁子上，兒子就產生了疑問：「媽媽，這麼大的象，一定很有力氣，可是牠為什麼不掙斷這細細的鏈子逃跑呢？」

媽媽告訴他：「這頭象剛來到這裡的時候還很小很小，當時用的就是這個小木樁，那時候牠很想掙斷鏈子跑出去，可是由於力氣小，每次都失敗，於是就失去了掙脫鏈子的信心。儘管牠一天天長大，但卻不知道現在的自己已經有很大的力量了，用力掙一下就可以逃出來。牠不敢這樣想，當然也就不會這樣去做，因此只能永遠被鎖在這，直到老死。」

看完這個故事，再對照一下自己，是不是也像動物園裡的大象一樣，根本不相信自己現在的力量？也不知道原來低估了自己，對自己缺乏信心，不願邁出改變的第一步？而在我們以外的人看來，我們完全具備這個能力的。

當從行為上改變了，並成為習慣之後，你的心裡就會產生變化，以下的方法可以教你邁出第一步。

挺直走路

想一想自卑的人平時都是怎樣的？不願與人交流，走路、說話也好像沒有底氣。那麼改變自卑心理的第一步就要從我們的身體開始。許多心理學家認為，人們行走的姿勢、步伐與其心理狀態有一定關係。行走時要抬頭、挺胸，步伐邁得要堅定、穩固。懶惰的姿勢和緩慢的步伐只會消磨人的積極思想。從改變走路的姿勢和速度就可以逐漸改變心態。平時你從未意識到這一點吧？那麼現在就試試看吧！

眼神堅定

除了走路，眼神也很重要。眼睛是心靈的窗口，一個人的眼神可以折射出他的性格，透露出他的情感，傳遞出很多微妙的訊息。學著抬起雙眼，目視前方，眼神正視他人。

不正視別人，意味著對自己不夠自信，而正視別人則表露出誠實和自信。正視別人，是積極心態的反映，是自信的象徵，更是個人魅力的展示。同時，與人講話時看著別人的眼睛也是一種禮貌的表現。

當眾發言

走路和眼神得到改變之後，接下來就要學會與人交流、說話了，即練習當眾發言。你應該明白：當眾講話任何人都害怕，只是程度不同而已。從積極的角度來看，如果盡量發言，就會增加信心。

有許多原本木訥或有口吃的人都是透過練習當眾講話而變得自信起來的，如蕭伯納、田中角榮、狄摩西尼等。所以請不要放過任何當眾發言的機會。卡內基說過：當眾發言是克服羞怯心理、增強自信心、提升熱情的有效突破口。

公共場合的訓練

自卑的人總是喜歡自己一個人，不願去人多的公共場合。然而，要想改變自己，就要敢於突破自己。試著在你乘坐捷運或火車時，在較空的車廂裡來回走走，試著和周圍的人打招呼，或是當步入會場時有意從前排穿過，並選前排的座位坐下，以此來鍛鍊自己。

補償作用

人的行為和心靈是相互作用、相互影響的。在行為改變的同時，也不要忘記在精神上的充實與改變。對於自己要有客觀的認知，即使有不足的地方也並不可怕，因為沒有任何一個人是完美無瑕的。並且，我們還可以透過學習來讓自己更加豐富，更加有內涵。

由於自卑，人們會清楚甚至過分地意識到自己的不足，然而促使自己努力學習別人的優點，彌補自身的不足，從而使性格受到磨礪，而堅強的性格正是獲取成功的心理基礎。此時，你也不比別人差了。

建立自信的人生

自信是一種力量，無論身處順境還是逆境都應該平靜的面對人生，有了自信，生活便有了希望。

小澤征爾是世界著名的音樂指揮家，一次他去歐洲參加指揮大賽，決賽時他被安排在最後。評委交給他一張樂譜，小澤征爾稍做準備便全神貫注地指揮起來。

突然，他發現樂曲中出現了一點不和諧，開始他以為是演奏錯了，就指揮樂隊停下來重奏，但仍覺得不自然，他感覺樂譜確實有問題。可是，在場的作曲家和評委會權威人士都表明樂譜不會有問題，是他的錯覺。

面對幾百名國際音樂界權威，他不免對自己的判斷產生了動搖。但是，他考慮再三後，依然堅信自己的判斷是正確的。於是，他大聲說：「不！一定是樂譜錯了！」他的聲音剛落，評判席上那些評委們就立即站起來，並向他報以熱烈的掌聲，祝賀他大賽奪魁。

原來，這是評委們精心設計的圈套，以試探指揮家們在發現錯誤而權威人士又不承認的情況下，是否能夠堅持自己的判斷。

第七章　自卑與恐懼是成功的大敵

小澤征爾用他的自信贏得了冠軍，贏得了名譽與尊重，這就是自信的力量、自信的人生。只要擁有自信，擁有一顆自強不息、積極向上的心，成功遲早會屬於你。

相信自己

人人都能忍受災難和不幸，並能戰勝它們。有人也許不相信自己能辦得到，可是人類就是有強得驚人的潛力，只要我們加以利用，便能引領我們度過難關。我們比自己所想的更堅強。

首先要對自己抱有希望，如果你連使自己改變的信心都沒有，那就不要再向下看了……要對自己寬容，並使事情看起來容易做到；表現得好像自信十足，這會使你勇敢一些；想像你的身體已接受挑戰，顯示自己並不是全然的害怕。

停下來想一想，別人也曾面對沮喪和困難，但卻克服了它們，別人既然能做到，當然你也能。請記住：你的生命是以某種節奏前進的，你若感到失意消沉，無力面對生命，也許就會沉至山窪的底部；但是，你若保持自信，便可能利用當時正扯你下墜的那股力量，躍出深谷之外。

只有想不到的事情，沒有做不成的事情。我們大多數人所擁有的自信，遠比我們想像的更多。

行為改變自信

克服侷促不安與羞怯的最佳方法是對別人感興趣，並且想著他們，然後膽怯便真的會奇蹟般消失。

只有一個人能治療你的羞澀不安，那便是你自己。沒有什麼方法比「忘我」更好。當你感覺膽怯、害羞和侷促不安時，請立刻把心思放在別的事情上。如果你正在演講，那麼除了講題把一切都忘了吧，切莫在意別人對你和你的演講如何看。

只要下定決心就能克服任何恐懼，因為除了在腦海中，恐懼無處藏身。害怕時，把心思放在必須做的事情上。如果充分準備，便不會害怕。可能現在工作的節奏不斷加快給你帶來極大的精神壓力，讓你感覺心理緊張那麼就適當調整工作與休息的時間，定好運動的時間，經常散散心，放鬆放鬆繃緊的神經。

自信的楷模

林肯，美國歷史上最著名的總統之一，相貌醜陋，常常被他的政敵譏笑。有一天，他的一位政敵遇到他，開口便罵道：你長得太醜陋了，簡直不堪入目。林肯微笑著對他說：「先生，你應該感到榮幸，你將因為罵一位偉大的人物而被人們所認識。」

大科學家愛因斯坦小時候在課堂上做手工，老師要求每個學生做一隻鴨子。全班學生紛紛把做出來的鴨子交給老師並得到老師的誇獎。唯有愛因斯坦遲遲才交他的作品，老師看過之後高高舉起，用嘲笑的口氣對全班同學說：誰見過世界上比這更醜的鴨子？全班同學哄堂大笑。愛因斯坦站起來大聲說：「有，同學們。」他從抽屜裡拿出一隻更醜的小鴨子高高舉起，「那就是我第一次做的鴨子。」

林肯如果只把眼光停留在自己醜陋的外貌上，而不去發現自己的其他優點，那麼他也不會成為美國著名的總統。愛因斯坦如果因為老師和同學的嘲笑而自卑，永遠抬不起頭，那麼他也不會有後來的成就。

第八章　走出空虛與憂鬱的人生

資訊的爆炸快速引發了人們思想的空虛，而這種空虛的思想的加劇則引起憂鬱。隨著網路等更多資訊管道的出現，人們了解的資訊越來越多，思想層面也變得越來越複雜，空虛和憂鬱就會乘虛而入，因此每個人都應該學會如何應對它們。

空虛與人生目標的缺失

每天工作讓我覺得很空虛，總感覺缺了點什麼，做什麼也打不起精神來。下班後，特別是沒事的時候，做這個沒動力，做那個沒心情，靜不下心來。總之不能堅持做一件事，做什麼都覺得沒意思，不想做。

這個時候，你問他：你想要什麼樣的生活？你想成為什麼樣的人？在這一生中，你最想做什麼，你最想擁有什麼？這時，他可能會啞口無言，因為他根本沒有仔細考慮過這些問題，所以才會連自己要做什麼都不知道。

屠格涅夫說：「生活中沒有理想的人是可憐的人。」沒錯，因為這種人沒有仔細的思考和計劃，不知道這一生要完成什麼、達到什麼成就，所以他們會覺得空虛、無聊。因此，我們要樹立理想，熱愛生活，不斷提升自己。

沒有目標的空虛

在做一件事情之前，如果我們毫無計畫和目標，當事情做完了，自然也就不會去評估做得如何，是好還是壞？還需不需要改進？做得好，我們也不知道，也不會有喜悅；做得不好，我們也不會總結。在這其中我們沒有任何獲得感或者成就感，這樣又何來快樂而言呢？

想要擺脫煩惱的空虛，就要樹立目標，為目標努力奮鬥來證明自己的能力。就算再怎麼艱苦也會走下去，最主要的是要有平常心態、堅持心理、高昂鬥志加不懈努力。

就好比我們要到山頂，那麼在登山之前我們就要做準備、選路線，登山的過程中還要堅持並即時修正。當我們到達山頂之後，該是何等的喜悅與高興呢？因為這證明了我們的計畫是成功的，準備是充分的，這就是成就感，也是對自己的認可。如果我們沒有任何準備，沒有任何目標，那麼登頂與否也無所謂，即使登頂了也不會有成就感與收穫，在這個過程中也沒有體會到過程帶來的喜悅，做什麼對你來說都無所謂。

樹立理想

面對空虛，最重要的是要有理想和人生目標。俗話說「治病先治本」，因為空虛的產生主要源於對理想、信仰及追求的迷失，所以樹立理想、建立明確的人生目標就成為消除空虛的最有力的武器。有了理想，有了目標，你的行動就會變得有聲有色、豐富多彩。

當然，這個過程並不是一蹴而就的，但當你堅定地向著人生目標努力前進時，空虛就會悄悄地離你而去。為自己定一個短期目標，近期要達到什麼標準。然後再給自己定一個相對長期的人生標準。人生要有規劃，如果你連規劃都沒有了，你當然會迷茫。

熱愛生活

問問自己想要的生活是什麼樣子的，培養對生活的熱情。我們常說，生活是美好的，就看你以怎樣的態度去對待它。一樣的藍天白雲，一樣的高山大海，你可以積極地去從中感受到大自然的美麗，或者認真的學點技藝，或者幫他人做點好事，從他人的感謝中得到歡愉。

工作或者工作以外都有美好的事物。當你用有意義的事去培養你對生活的熱情，去填補生活中的空白時，你哪還有心情和閒暇去空虛呢？

提升自己

有時候，人們生活在同一環境中，但由於心態不同，有些人遇到一點挫折便偃旗息鼓並輕易被空虛所困，而有些人卻能面對困難毫不畏縮並始終愉快、充實，其實關鍵問題就在自身。

因此，修煉自身，有意識的加強心態的訓練，為人生設定目標，即使失敗也要學會總結，這樣才能不斷進步。

在這個過程中，就能夠將空虛及時地消滅在萌芽狀態，不給它進一步侵襲的機會。

忙碌不一定不空虛

忙碌不一定不空虛。也就是說，即使你整天都十分忙碌，不停地做事，但你的行為卻毫無目標、毫無計畫，那麼你也不能算是充實的。

第八章　走出空虛與憂鬱的人生

故事一

一天，哲人率領諸弟子走在街市上。哲人問弟子：「剛才看到的商販中，哪個面帶喜悅之色？」一個弟子答：「有一個魚販，店裡買魚的人很多，主人臉上一直洋溢著笑容。」哲人搖搖頭說：「為利慾的心雖喜，卻不能持久。」

大家繼續往前走，前面是農舍，哲人打發眾弟子四散而去。過後問弟子：「剛才見到的村民中，哪個看起來更充實？」一個弟子答道：「有個村民有幾十畝地，家裡養著雞鴨牛馬，他忙完家裡，又在田裡耕種，一刻也不閒著，始終汗流浹背，他應該是充實的。」

哲人卻說：「源於瑣碎的充實，最後終歸要迷失在瑣碎當中，也不是最充實的。」

一行人繼續往前走，前面是一座山坡，坡上是羊群，一塊巨石上坐著一位形容枯槁的老者，懷裡揣著一根鞭子，正在往遠方眺望。

哲人止住眾弟子的腳步，說：「這位老者游目騁懷，是生活的主人，你們看不到他的心靈在快樂地散步嗎？」

故事二

一位青年滿懷煩惱去找一位智者，因為他做了很多事情，可是依然一事無成。

智者聽完青年的傾訴後說：「來，你先幫我燒壺開水！」青年看見牆角放著一把極大的水壺，旁邊是一個小火灶，可是沒柴火，於是便出去找。

他在外面拾了一些枯枝，裝滿一壺水放在灶臺上，並在灶內放了一些柴便燒了起來，可是壺太大，那捆柴燒盡了，水也沒開。於是他跑出去繼續找柴，回來時那壺水已經涼了。這回他學聰明了，沒有急於點火，而是再次出去找柴，由於柴準備充足，所以水不一會兒就燒開了。

智者問他：「如果沒有足夠的柴，你該如何把水燒開？」青年搖頭。

智者說：「那就把水壺裡的水倒掉一些！」智者接著說：「你想做的很多，也做了許多，就像這個大水壺裝了太多水一樣，但你又沒有足夠的柴，所以無法把水燒開，要想把水燒開，你要麼倒出一些水，要麼先去準備柴！」

哲人的話告訴我們，忙碌的人並不一定就很充實。下面列出了不同類型的忙碌，看看你是哪一種吧！

換來換去的忙碌

許多人的一生沒有明確的方向，他們不知道該何去何從，一會兒向東，一會兒向西，一會兒做這份工作，一會兒又想換個別的試試。做得不如意，就馬上換方向，做得順利了就多做一段時間，要是不如意了，就趕緊再換一個試試。聽說哪裡有機會就往哪裡跑，他們的一生似乎永遠沒有定向。

他們的問題其實很單純，就是他們不知道自己到底想要的是什麼，自己的目標是什麼。或許有些人會說，我當然知道我想要的是什麼，我就是想變得富有。如果到目前為止，仍然抱著這種想法，那麼你永遠也實現不了你的這個目標。

執著的忙碌

有一群人，他們會說：我每天工作忙得要命，還經常加班，累得要死，也沒多餘的時間娛樂、運動、交流，這麼努力的工作就是想著能有所成就。

沒錯，這麼一天天地忙著，突然哪一天閒下來了，怎麼還是覺得空虛呢？做了這麼多怎麼不覺得充實呢？工作如果已經讓你覺得很苦悶，再用空閒的時間來咀嚼苦悶，結果只會讓生活更加糟糕。其實，這是因為人們給自己設定了一個不實際的目標或者沒有設定目標，在執行的時候也沒有找到有效的方法，只是埋頭苦幹，所以這時你需要找一個方向、一個目標，並按照這個目標去做，而不是盲目的做。一開始總是有些難的，但邁出這步就會向良性循環的方向發展。

為目標而忙碌

做什麼之前，請想好自己這麼做是為了什麼，要達到哪些目標，並不是只要去做就可以的。

人的一生不能沒有明確的目標和方向。目標與方向主導了我們一生的命運與成就，它是驅使人生不斷向前邁進的動力。若一個人心中沒有一個明確的目標，那麼他就是在毫無目的地浪費精力。

由空虛走進憂鬱

憂鬱並不是突如其來的，而是經過較長一段時間的無聊、空虛之後，變得憂鬱的。

小佳是一名大二的學生，新學期已過了近一半。然而，她最近卻越來越覺得大學沒有想像中的精彩。

過了大一的新鮮期，也沒有大三的忙碌和大四的壓力，她經常感到莫名的空虛和無聊。有時，在教室裡，她會莫名發呆，無論講臺上的老師講得多麼生動有趣，她都心不在焉，彷彿一個局外人似的，好幾次老師叫到她時，她都過很久才反應過來。

沒課的時候，她就窩在宿舍不願出去活動，有時一整天都在打遊戲。到了週末，她會覺得時間更難熬，不知道該做什麼，室友勸她多參加校園活動，她覺得沒興趣，似乎這個世界上沒有什麼是她願意做的事。

有時看著別的同學泡圖書館、參加活動，忙得不亦樂乎，相比之下，自己卻好像閒得很。漸漸地，一種強烈的空虛和寂寞包裹著她，使她厭倦了現在的生活，變得憂鬱起來。

這樣的狀態影響著生活的各方面，導致她做什麼都提不起精神，看起來總是鬱鬱寡歡的樣子。下面將剖析空虛是如何延續的，以及如何認清自己並走出空虛。

空虛的延續

當我們的工作、學業、生活變得沒有方向和目標或者受到重大挫折時，可能就會使心情沮喪或感到無望，就像散了的珠子，沒有了那根可以穿起來的線。剛開始的時候可能不覺得什麼，只是什麼都不想做。久而久之，會越來越覺得無聊，逐漸開始懷疑，懷疑自己的價值，懷疑人生的意義，或者冒出一些這樣的問題：我們活著是為了什麼，有什麼意義；整天上班忙得要命又能得到什麼呢？等等。全都是消極色彩的想法，想來想去也找不到一個讓自己滿意的答案，於是繼續消沉下去。

嚴重的還會低估自己的能力、悲觀、自我譴責、容易感到挫折、恐懼社交、時常健忘、注意力和決斷力減退或猶豫不決、意志喪失、做事效率或生產力皆減少、自殺意念及行為、強迫回想舊事等。說到底，這都是空虛惹的禍。如果我們工作、生活都十分充實，也就不會有這樣的問題了。

清楚認知

首先我們要知道，我們的一切情緒都是由思想或是認識所產生的，我們目前的思想狀況是什麼樣的，我們就會感覺怎樣。所以，要盡量保持平和的心態。

第八章　走出空虛與憂鬱的人生

當感到無聊、憂鬱時，要了解這是因為我們的思想完全被「消極情緒」所控制，整個世界好像在黑暗陰影的籠罩之下。這樣，往往便相信事實真的如自己想像的那麼糟糕，甚至更糟。所以，應該培養積極的心態，對任何事都要有積極的看法，不要悲觀。

消極思想總是帶有嚴重的扭曲性，使我們的想法可能和真實的情況大相逕庭，所以消極思想是一切痛苦的根源。即使我們有了消極思想，也千萬不要讓那些思想變成具有扭曲性的。

告別空虛

除了消除消極想法之外，想辦法讓自己充實起來也十分重要。當每天都過得很豐富、很快樂、很滿足的時候，哪還會覺得空虛呢？沒有了空虛，也就不會走向憂鬱。

首先，要以積極的心態看待生活中的事，從小事開始。比如種一盆花，養幾條魚，看一本書，或者幫助周圍的人，讓自己每天都有事可做，並且堅持每天都要做。先從這些簡單的事情來培養耐心和興趣。

學會從小事情中感受大樂趣，這時再看自己的工作也不那麼無聊了。然後，還要不斷地提升自己，而不是再糾結於無法回答的問題。

當我們遇到困難時，應該多和身邊那些積極樂觀的人接觸，多學習、感受他們的那一份快樂與充實。

寫下自己的夢想

夢想，是我們人生的目標，是我們行動的方向與指引。寫下夢想，並為之而奮鬥！也許我們的夢想很遠大，不是那麼容易實現，但把它寫下來，會有助於實現。

那麼我們怎樣才能實現寫下的夢想呢？

一九八四年，在東京國際馬拉松邀請賽中，名不見經傳的日本選手山田本一出人意料的奪得了世界冠軍。全世界的人都在好奇他如何取得如此驚人的成績時，他卻在自傳中寫道：每次比賽之前，我都會乘車把比賽的線路仔細看一遍，並把沿途比較醒目的標誌畫下來，如第一個標誌是銀行，第二個標誌是一棵大樹，第三個標誌是一座紅房子……這樣一直畫到賽程的終點。

比賽開始後，我就以百米的速度奮力地向第一個目標衝去，等到達第一個目標後，我又以同樣的速度向第二個目標衝去。這樣，幾個賽程就把我分解的幾個小目標輕鬆地跑完了。起初，我把目標定在四十多公里外的終點線，結果跑到十幾公里時就疲憊不堪了，因為我當時被前面那段遙遠的路程給嚇倒了。

從這個故事中我們可以體會到，我們不但要先找到自己的夢想，同時還需要將夢想進行歸類和分步，這樣才能夠最終實現它們。

為夢想列一個清單

有夢想是一件重要的事，換句話說，就是我們的人生目標。如果我們願意投入精力去做，就可能達到。

這一生我們真正想要的是什麼?什麼才是真正想去完成的事情?什麼事情如果突然發現不再有足夠的時間去完成時會後悔不已?

這些都是我們的目標，把每個這樣的目標用一句話寫下來。如果其中任何一個目標只是達到另外一個目標的關鍵步驟，那麼把它從清單中去掉，因為它不是人生目標，而最終篩選下來的就是我們的目標，我們的夢想，我們需要朝著它前進。

夢想的時間框架

夢想有遠大的，也有眼前的，總是要一步一步去實現與完善的。我們可以有十年計畫、五年計畫，也可以有一年計畫。其中一些目標可能會有「放置期」，因為我們的年齡、健康、經濟狀況等，這些我們需要用來完成目標的因素需要花一些時間來達成。

使用夢想清單

把每個人生目標單獨寫在一張白紙的頂端，在每個目標下面寫上要完成這個目標都需要什麼，自己目前所擁有的和還未擁有的資源。比如說某種教育培訓、某種技能、環境、人際關係等。也就是說，把目前的狀況清晰地列出來，讓自己明白還缺少什麼。

在列出的每一項中，寫下自己要完成每一步所需要的行動。其實，這就是一個檢查清單，也就是我們可以完成目標的所有確切的步驟，即要有哪些行動。

檢查時間

檢查每一項所寫的時間框架，在每一張目標表上寫下我們所要完成任務的時間，對於那些沒有確定時間的目標，考慮一下最晚想要在什麼時間完成它並以此作為底線。

檢查整個時間框架，為所需要完成的每一小步，寫下自己所需要完成的現實時間：現在檢查整個人生目標，然後定一個自己這一週、這一個月和今年的時間進度表，以便自己可以按照預定的路程去完成任務。

把所有的目標完成時間點寫在進度表上，這樣對要完成的事情就有了確定的時間。在一年的結尾，回顧自己在這一年裡所做的，劃掉在這一年裡已經完成的，寫下下一年裡應該去完成的。

夢想也分層次

目標與夢想的力量是巨大的，但同時也告訴我們一個道理，也許夢想還距離我們很遠，千萬不要因此而退縮，在最終夢想下分出層次，分步去完成就能夠實現我們的夢想。

我們的夢想清單列出來了，但要實現目標卻不容易。如果目標太遠大，我們會因為苦苦追求卻無法得到而氣餒。因此，將一個大目標分解為若干個小目標，落實到具體的每天、每週的任務上，是實現目標的最好方法。

比如，我們可以把目標分類：人生終極目標、長期目標、中期目標、短期目標、小目標，這麼多的目標並非處於同一個位置上，它們的關係就像一座金字塔。如果我們一步一步地實現各層目標，那麼我們注定可以取得成功，我們的夢想最終也會實現。

如果你想充實就要追逐你的夢想

讓生活變得充實其實非常簡單，只要你找到追求夢想的心，那麼充實的生活就屬於你了。

當有了夢想和目標，便會開始抓緊時間學習、練習、提升自己，生活立刻充實了起來，因為在前方，有目標在引領著前進，生活有努力付出來填充。

有夢想才快樂

蘇格拉底說過：世界上最快樂的事，莫過於為理想而奮鬥。

一項研究指出，決定一個人快樂與否的因素有三個：一是健康狀況，二是實質收入，三是教育程度。然而我們並不是只有物質就能夠得到滿足、得到快樂的。我們不可能在薪資上調百分之三十之後，快樂也跟著多百分之三十。現在社會中，很多人變富之後的煩惱反而比之前更多。

於是，我們在尋找，到底什麼能夠帶給我們快樂？人們開始談論一個新的關鍵詞——夢想。確實，很多人的不快樂都源自夢想的缺失，從而導致生命的不充實。夢想並不見得是我們為之奮鬥終生的職業，也不見得是能夠幫我們增加收入的砝碼。它只是這樣一個東西：一個方向，一個高度，是我們為自己設定的一個可供追求的目標，其最重要的功效就是充實我們的一生。

有夢想才充實

生活中總會有不如意的地方，夢想可以幫助我們得到慰藉，從而變得更堅定也更堅強。有一位朋友是個寫作愛好者，雖然他的工作壓力大，業餘時間少，假日還總是加班。但是，只要一有空閒，他就會讀書、寫作，從中得到平靜。寫作對他來說是一個夢想，儘管他這一輩子不一定能當作家，不一定非要拿什麼文學獎，但他依然堅持寫作。

寫作對他來說是一想起來就很快樂、很想去做的事情，有了這個夢想，他活得踏實，閒下來的時候也不會空虛。其實，夢想就是人生的「定神針」，有了它我們就會很堅定、很堅強，就能應對生活。

追逐你的夢想

人失去了理想就像小船失去了舵，在洶湧的大海中失去了方向。不要把夢想想得太大，抑或是太小，它就是一個目標、一個指引。在這個追逐的過程中，淚水、汗水會讓我們體驗充實的生活。

有時候我們會把夢想看得太大，覺得不可能實現，同時也被它攪亂了生活。有時候我們又把夢想看得太小，認為不值得為之付出。夢想不分大小，我們都應該給自己一個夢想，給夢想一個行動。

欲望是告別空虛的良藥

空虛是可怕的，而欲望會為我們帶來動力和衝勁，奔向我們的理想與成功。

一八二三年，大詩人拜倫已經開始失去欲望了，他的生活變得無聊，死一般的無聊。於是，他準備把軀體獻給戰爭。那年夏天，他跟著軍隊朝希臘進發，行軍途中，他寫信給詩人歌德，告訴他自己的苦惱。那年，拜倫三十五歲，風華正茂，而歌德已經七十五歲高齡了。

一個年輕的生命沒有生活目標、沒有情人、不想結婚、更不敢戀愛，將生活寄託於一場戰爭；而另一個垂垂老矣的生命卻正準備向一個年輕的女人求婚，他的情慾像年輕人一樣旺盛。歌德是在拜倫的鼓勵下向那個只有十九歲的姑娘求婚的，他對這場有著巨大年齡差距的愛情充滿了熱情。

事後得知消息的拜倫在異國他鄉更加憂傷，他說自己是年輕的老人，而歌德是年老的年輕人。一年後，拜倫在沒有結果的戰爭中病死。而高齡的歌德的詩作一篇比一篇華麗而熱情。

欲望原來有如此大的能量，兩個人竟然會有這麼大的差別。失去欲望的拜倫，只能空虛地死去，而高齡的歌德卻在慾望的驅使下，生活得更加精彩，並創作出華麗的詩歌。

馬斯洛的需求層次理論為我們很好地解讀了需要，帶我們走向更美好的生活。

可怕的空虛

空虛是如此厲害，無論你做什麼都已沒有興趣，因為你失去了生活的目標。有許多人寧可選擇犯罪、逃避甚至跳樓，也不想為自己找個活著的理由，其實是因為他們的內心已經極度空虛，並被空虛侵蝕得體無完膚，找不到可以支撐自己的目標。

這個世界上本來就不可能人人都能獲得顯著的成績，然而能戰勝空虛的人絕對不會不快樂。每個人快樂的出發點不一樣，目標不一樣，但是，只要是為了自己的目標而奮鬥就會充實。

欲望帶來成績

一九五三年，心理學家對耶魯大學的畢業生做過一次研究。當時那些畢業生被詢問是否有清楚、明確的目標以及達成的書面計畫，結果只有百分之三的學生有肯定的答覆。

二十年後，當重新調查當年那些接受研究的人時，發現那些有達成目標書面計畫的百分之三的學生，在財務狀況上遠高於其他百分之九十七的學生。雖然這項調查只限於財務方面，但是根據研究人員的觀察，其實那百分之三的人在幸福及快樂的程度上也高於其他人。這就是目標的力量和欲望的力量。對於有欲望並且用行動去努力實現的人來說，他們根本不會感到空虛。當自己的努力換來成功時，那是一份難以形容的快樂，又何來空虛呢？

馬斯洛的需求層次理論

人類的欲望具有無限性，總是由低層向高層遞進。馬斯洛的需求層次理論認為：人類的需要是分層次的，由低到高的。它們依次是：生理需要——主要是人們最基本的需要，如吃飯、穿衣、住宅、醫療等，這些是人們生存首先需要滿足的；安全需要——保證自己的生命、生活環境安全，希望免於災難等；歸屬與愛的需要——個人渴望得到他人的關懷與理解，某個團體對自己的認可；尊重需要——希望受到尊重，感受尊重；自我實現的需要——最高等級的需要，滿足這種需要就要求完成與自己能力相稱的工作，最充分的發揮潛在能力，成為自己所期望的人物。

然而，現在很多人在生理需要、安全需要上很容易得到滿足，而在更高層的需求方面欲望則不強，或者不願意面對。空虛的人更是完全沒有了需要，他們將自己的層次降到了最低——只要活著就好了。

美味生活

欲望有時候是生命火焰的指示燈。欲望滅了，一切也就完了。

印第安人酋長對他的族人說：「上帝給了每一個人一杯水。於是，你從裡面飲入了生活。」生活確實就是一杯水，杯子的華麗與否顯示了一個人的貧與富。但杯子裡的水是清澈透明、無色無味的，對任何人都一樣。接下來，你有權利加鹽、加糖，只要你喜歡。若你有欲望，會不停地往杯子裡加鹽或者加糖，加了調味料之後，再去細細品味，你將會品嚐到不一樣的味道。而若你沒有欲望，什麼也不加，將索然無味。

電子書購買

國家圖書館出版品預行編目資料

情緒自控，現代人的心理健康報告：莫名煩躁、情緒失控、放棄理性……讀懂情緒心理學，徹底擺脫杏仁核劫持！/ 郭琳編著．-- 第一版．-- 臺北市：崧燁文化事業有限公司，2022.03

面；　公分

POD 版

ISBN 978-626-332-044-4(平裝)

1.CST: 情緒管理

176.5　　111000648

情緒自控，現代人的心理健康報告：莫名煩躁、情緒失控、放棄理性……讀懂情緒心理學，徹底擺脫杏仁核劫持！

臉書

編　　著：郭琳

編　　輯：鄒詠筑

發 行 人：黃振庭

出 版 者：崧燁文化事業有限公司

發 行 者：崧燁文化事業有限公司

E-mail：sonbookservice@gmail.com

粉 絲 頁：https://www.facebook.com/sonbookss/

網　　址：https://sonbook.net/

地　　址：台北市中正區重慶南路一段六十一號八樓 815 室

Rm. 815, 8F., No.61, Sec. 1, Chongqing S. Rd., Zhongzheng Dist., Taipei City 100, Taiwan

電　　話：(02) 2370-3310　　　**傳　　真**：(02) 2388-1990

印　　刷：京峯彩色印刷有限公司（京峰數位）

律師顧問：廣華律師事務所 張珮琦律師

定　　價：330 元

發行日期：2022 年 03 月第一版

◎本書以 POD 印製